KB249037

빛깔있는 책들 103-17

# 부도

글/정영호●사진/안장헌, 김종섭

대원사

## 정영호 ————————

문학박사. 서울대학교 사범대학 역사
과와 단국대학교 대학원을 졸업했
다. 문화공보부 문화재관리국 전문위
원, 한국미술사학회 대표위원, 단국대
학교 교수, 동 대학 박물관장, 신라3
산5악학술조사단 위원, 범종연구회
회장, 국립한국교원대학교 인문사회
대학장 등을 역임하였다. 현재 국립한
국교원대학교 교수로 재직중이며,
동 대학 박물관장, 교수 부장을 겸하
고 있다. 문화재위원, 국사편찬위원,
한국문화사연구회 회장을 맡고 있
다. 주요 저서로는「신라석조부도연
구」「한국의 석탑」「한국불상 300
선」「한국불탑 100선」등이 있다.

## 안장헌 ————————

고려대학교 농업경제학과를 졸업했으
며, 신구전문대 강사, 사진 예술가협
회 부회장으로 있다. 사진집으로「석
불」「국립공원」「석굴암」등이 있다.

## 김종섭 ————————

본사 사진부 차장

# 부도

# 부도

# 머리말

오늘날 우리나라에 남아 있는 역사적인 유적 유물 가운데 석조 미술품은 다른 것에 비하여 그 수효가 제일 많다. 이러한 것은 이웃의 어느 나라보다도 우리나라에 화강암이나 수성암, 납석 등 여러 종류의 석재가 많기 때문이라 하겠다. 또한 역사를 통하여 볼 때 나라 안팎의 환란이 많았기 때문에 목제나 지물(紙物), 토제(土製), 금속제 등의 여러 조형물이 재난을 당할 때마다 모두 불에 타거나 파괴되어 때로는 그 흔적조차 없어져서 남은 것이라고는 견고한 석조물뿐이라는 점에서도 그 원인을 생각할 수 있겠다.

그런데 석조물이라 하더라도 수성암이나 납석, 점판암, 대리석 등으로 이루어진 것보다는 화강암으로 조성된 것들이 대부분이다. 이것은 화강암이 다른 암석보다 풍부하였고 특히 암질(岩質)이 다른 석재들보다는 채석하는 데 빠르고 돌을 다듬기에 손쉬워서 여러 가지 조각과 건조에 적합한 석질이므로 석조물의 주 재료로 선택되었던 때문이라 하겠다.

그리하여 예부터 고분이나 석비 등 각 부재를 비롯하여 여러 가지 조형물이 화강암으로 만들어졌고 4세기 후반에 이르러 불교가 들어온 뒤부터는 불교적인 미술품 전반에 걸쳐서 화강암이 그 조성 재료로 사용되었다. 더욱이 불교가 융성하게 되자 곧 그 장엄에 따르는 여러 조형물의 조성을 서두르게 되었는데 이때 소용되는 화강암이 어렵지 않게 충당되었고 이리하여 이후 전국 방방곡곡에는 헤아릴 수 없이 많은 석조물이 건조되기에 이르렀다.

현재 남아 있는 여러 석조 미술품을 살펴보면 석탑이나 석불 등과 같이 승려와 신도들에게 직접적으로 예배의 대상이 되는 봉안물이 있고 석등(石燈), 석연대(石蓮台), 당간지주(幢竿支柱), 탑비(塔碑), 석조(石槽), 석수(石獸) 들처럼 각 사찰에서 사용 혹은 홍법에 이용하기 위한 필요에 따라 건조된 석물이 있다. 이 밖에 불교 신앙의 예배물로나 전법(傳法)에 이용하기 위하여 만들어진 유품은 아니나 사찰에서만 건조하였던 석조 부도(浮屠)가 있다.

이 가운데 석탑과 석불은 가람 배치와 예배의 중심 및 대상물이므로 어느 사찰을 막론하고 초창 혹은 중창기의 조성품으로서 대개는 한번 만들어 안치하면 처음의 형태를 그대로 보존하여 후대에 이르며 혹시 세월이 흘러 파손되어 보수가 있었다 하더라도 그 흔적을 남기면서 원형만은 후세까지 전해 주고 있다.

그러므로 특히 석탑인 경우에는 예부터 창건된 사찰의 수효와 큰 차가 없을 정도로 많이 남아 있다. 석불은 사찰의 경영과 관계없이 산속에 마애불(磨崖佛) 또는 원각불(圓刻佛)로 안치하였더라도 초기의 형태만은 잘 보존하고 있으므로 석조 탑과 상(像)은 아무리 다양해도 초창 당시의 수효나 형식에서 별로 벗어나지는 못한다.

다음으로 사찰의 필요에서 만들어진 석등, 석연대, 당간지주 등은 사찰에 따라 건조하지 않은 경우도 있고 또 필요에 의하여 마련하였더라도 석탑이나 불상과 같이 건립 당초의 상황에서 변동이 별로 없는 유품들이므로 그 수효나 다양성에 있어서 석탑이나 불상만 못할 것이다.

**봉암사 진정대사원오탑**　석조 부도는 옛날이나 지금을 막론하고 대부분 화강암 석재만
으로 건조된 조형일지라도 각종 조각, 표면의 장식 문양 등을 볼 수 있어 건축물인
동시에 조각품이기도 하다.(옆면, 위)

탑비나 석조(石槽), 석수 등은 사찰에서 반드시 필요로 하는 석조물도 아니고 또 그 형태는 일정한 형식과 규범이 있으므로 다양한 조형을 보이지는 않는다.

　　그러나 석조 부도에 있어서는 석탑이나 불상, 석등, 당간지주 등과는 다른 양상을 보이고 있다. 곧 석조 부도는 승려의 묘탑(墓塔)이기 때문에 불교가 전래된 이후부터 오늘에 이르기까지 오랜 세월을 두고 건조되어 왔고 승려 개개인에 대하여 각기 부도가 세워졌으므로 그 수도 매우 많다. 물론 조형물로서 부도의 발생은 석탑이나 불상에 비해 적더라도 한번 건조가 시작되면 그 형식이나 각부 양식, 세부의 조각 수법은 시대에 따라 약간의 차이를 보이기는 하지만 '부도의 건립' 자체는 법등이 끊이지 않는 한 반드시 존재하였던 조형물이었다. 비록 배불숭유가 국시였던 조선시대에서도 명맥을 이어 왔던 사원의 주변에는 승려들의 부도가 많이 세워져 있다.

　　이렇게 고대부터 근세에 이르기까지 승려들의 입적에 따라 수많은 부도가 조영되어 왔음은 수효와 함께 형태의 다양성도 아울러 말해 준다.

　　석조 부도는 옛날이나 지금을 막론하고 대부분 화강암 석재만으로 건조된 조형일지라도 이 석물에서는 건축적인 요소말고도 각종 조각, 표면의 장식 문양 등을 볼 수 있어 건축물인 동시에 조각품이기도 하다. 그리고 또한 대부분의 부도는 그 주인공을 알 수 있고 또 이 부도에 따르는 탑비가 건립되어 있어서 그의 건조 연대를 밝힐 수 있으므로 더욱 눈길을 끄는 석조물이다. 그러므로 불교 성국(盛國)이었던 신라와 고려시대에 있어서는 다른 불교 미술품이 모두 그러하였던 것과 같이 석조 부도도 세공을 가하여 각부 조각에 있어서 정교한 불교 조각과 화려한 장식 문양으로 조각의 극치를 보였다. 형태에 있어서는 전체적으로 균정한 조형으로 조화미를 보여 이른바 석조 미술 가운데 당당한 하나의 주류를 이루고 있다.

**탑비** 대부분의 부도는 그 주인공을 알 수 있고 부도에 따르는 탑비가 건립되어 있어서
그 건조 연대를 밝힐 수 있다. 위는 현재 국립중앙박물관 정원에 옮겨져 있는 월광사
원랑대사 탑비이다.

예컨대 염거화상탑(廉居和尙塔)이나 쌍봉사 철감선사탑(雙峰寺澈
監禪師塔)은 통일신라시대의 대표적인 석조 부도라 하겠고, 고려시
대의 것으로는 흥법사 진공대사탑(興法寺眞空大師塔)과 정토사 흥법
국사실상탑(浄土寺弘法國師實相塔), 법천사 지광국사현묘탑(法泉寺
智光國師玄妙塔) 등이며 조선시대의 대표적인 것으로는 청룡사 보각
국사정혜원융탑(青龍寺普覺國師定慧圓融塔), 복천사 수암화상탑
(福泉寺秀庵和尙塔), 연곡사 서부도(鷰谷寺西浮屠) 등을 들 수 있
다. 이들은 모두 목조 건축의 번안에서 이루어진 석조 건축물인
동시에 표면 장엄으로 각종 문양을 장식한 조각물이므로 필자가
일찍이 석조물에 대하여 관심을 가지면서부터 특히 석조 부도를
주목하게 된 것도 바로 이러한 특이점을 발견하였기 때문이다.

　불교 전래 이후 오늘에 이르기까지 많은 부도가 건조되었으나
현재 남아 있는 부도는 고대로 올라가면서 그 수효가 적다. 이것은
다른 미술품들에서도 그러한 것과 같이 발생 및 발달 초기에 있어서
의 현상으로 볼 수 있을 것이며 비록 유례가 적다 하더라도 이들은
우리나라 석조 부도의 초기적인 작품으로서 그 발생과 발달, 양식의
변천 과정을 연구함에 있어서는 귀중한 자료가 된다. 그리하여 여기
서는 우선 우리나라 석조 부도의 의의와 그 발생을 알아보고 다음으
로 전형 양식의 정착과 각 시대에 따라 변천된 상황을 고찰해 봄으
로써 우리나라 석조 부도 전체에 걸친 양식사적 이해를 꾀하고자
한다.

# 석조 부도의 의의

    부도(浮屠)는 부도(浮圖), 부두(浮頭), 포도(蒲圖), 불도(佛圖) 등 여러 가지로 표기되고 있는데 원래는 불타(佛陀)와 같이 범어 (梵語)의 Buddha를 번역한 것이라 하고 또는 솔도파(率堵婆；Stūpa) 곧 탑파(塔婆)의 전음(轉音)으로서 이것도 부도라고 일컫는다.

    결국 어원으로 보자면 불타가 곧 부도이므로 상징물인 불상이나 불탑이 부도이며 다시 나아가 불타가 되고자 노력하는 승려들까지도 부도(浮圖)라 일컬었던 예가 있었으니 이렇게 보면 부도란 실로 넓은 뜻을 가지고 있음을 알 수 있다.

    하지만 일반적으로 부도라 하면 묘탑을 가리키는 것이므로 부도란 말이 실제에 있어서는 매우 한정된 용어로 사용되고 있다. 묘탑이란 사리를 봉안한 탑이므로 이와 같은 종류의 탑은 모두 묘탑이라 할 수 있을 것이므로 묘탑이란 용어도 어떠한 특수 양식을 규정하기에는 어려울 것 같다. 그러므로 예부터 내용물이나 형식 등을 막론하고 모든 묘탑을 '탑'으로만 불렀을 뿐 내용이나 형식을 엄밀히 구별하여 부른 용어는 일찍이 없었다.

    그런데 우리나라에서는 묘탑 곧 '부도'라는 용어로 승려의 사리

묘탑을 가리키는 실례가 신라 하대부터 보이고 있다. 곧 신라 경문왕 12년(872)에 세운 전라남도 곡성군 죽곡면 원달리 동리산 중턱의 대안사 적인선사조륜청정탑비(大安寺寂忍禪師照輪清淨塔碑) 비문 중에 "기석부도지지(起石浮屠之地)"라고 한 구절이 있으므로 이곳 대안사에 건조한 적인선사의 묘탑이 곧 '석부도(石浮屠)'임을 알 수 있다.

이 '석부도'는 현재 대안사 경내의 송봉(松峰)에 안치되어 있어서 그 형태가 불탑으로 불리는 방형 중층(方形重層)의 일반형 석탑과는 달리 기단부 위에 단층의 탑신을 놓고 옥개와 상륜부를 차례로 쌓았으며 평면도 8각을 이루고 있다. 따라서 불탑의 개념으로서의 부도와 승려 묘탑으로서의 부도는 우선 겉으로 그 형태를 달리하고 있음을 알 수 있다.

일반적으로 부도라 함은 이 승려들의 묘탑만을 일컫고 있는데 여기에는 다음과 같은 이유가 있다.

불탑이라 말하는 일반형 석탑은 대개 사찰을 이룩하는 데 중심이 되어 후세에까지 이르는 양식의 발전과 계통이 있으며 혹시 특수 탑파라 하여도 일반형에서 변형되어 그 원류는 불탑의 형식이므로 역시 계보가 뚜렷하다. 아울러 부도에 있어서도 전형의 정립과 발달을 볼 수 있고 그 계보를 살필 수 있다. 그러므로 부도를 묘탑이라는 개념에서 불탑과 함께 다루어 고찰하기에는 여러 가지 점에서 어려운 일이며 특히 각 부도에는 대개 탑비가 세워져 있어 개개인 승려들의 행적은 물론이요, 다른 승려와의 관계와 사적, 나아가 당시의 사회 및 문화의 일면까지도 알리고 있는 귀중한 사료가 되는 것이므로 조사 연구에 있어서도 마땅히 별도의 과제로 설정해야 한다.

이상과 같이 부도를 승려의 사리나 유골을 안치한 묘탑으로 규정하였다. 그렇다면 부도는 우리나라에 불교가 포교되면서 승려들의 활동이 일어나고 이후 승려의 입적으로부터 나타났을 것인데 실제

**대흥사 부도밭** 위는 해남 대흥사 입구에 있는 부도밭으로 이 절에서 열반에 든 스님이나 관계가 깊은 고승 대덕들의 부도를 한 곳에 세운 것이다.

는 그렇지 못하다. 곧 묘탑을 세운다는 것은 불교식의 장례법으로 인하여 생겨난 일이지만 그렇다고 하여 묘탑의 건립이 불교가 전래된 때부터 시작된 것은 아니므로 우리나라에 불교가 수용된 시기는 4세기 후반인데 4, 5세기까지로 올라가는 묘탑의 예는 문헌상으로도 확인되지 않는다.

# 석조 부도의 기원

석조 부도의 건조가 불교식 장례법으로부터 비롯된 일이지만 불교가 전수되면서 바로 시작된 것은 아니다. 그리고 불교식의 장례법이라 하더라도 승려가 입적하면 반드시 부도를 건조했던 것도 아니다.

예컨대 원효대사는 입적한 뒤 그 유해로써 소상(塑像)을 만들어 분황사에 안치하였다고 하니 물론 묘탑이 없고, 자장율사는 입적한 뒤 유골을 석혈(石穴) 안에 안치하였다고 하니 묘탑의 건립은 생각할 수 없다.

백제의 혜현(惠現)이라는 이는 입적 뒤 그의 유해를 석실 안에 갖다 놓아 호랑이의 밥이 되게 하여 일종의 풍장(風葬)으로 처리하였으니 그 당시에 묘탑을 이룩하였음은 생각할 수 없는 것이다. 그리고 이 밖에 당시의 고승(高僧)인 의상대사에 대해서는 아무런 기록도 없다.

대개 불교식이라 하면 화장하여 그 유골을 부도에 안장하는 것으로 알고 있으나 불가에서도 화장하지 않고 다른 방법으로 장례한 몇 예를 살펴보았는데 이 밖에 토장하는 장례법도 있었으니 신라

혜공왕대의 고승인 진표율사는 입적 뒤 그의 제자들이 스승의 시체를 옮기지 않고 공양하다가 해골이 산란해짐에 흙으로 덮어 묻고 유궁(幽宮)을 만들었다는 것이다. 여기에서의 유궁이란 분묘를 말하며 이것은 곧 토장의 좋은 예를 보이고 있다.

그리고 고구려 벽화 고분 가운데 쌍영총 현실(玄室)의 동쪽 벽화에 있어서 9명의 인물이 행진하고 있는 가운데에 삭발하고 검은 가사(袈裟)를 입고 오른손에 석장(錫杖)을 쥐고 있는 사람이 승려이며 그 뒤를 귀부인이 따르고 있는데 이것은 승려의 선도로 극락으로 가는 행렬을 그림으로 나타낸 것이라 본다면 송장(送葬)의 행사가 곧 불교식임을 알 수 있으며 구조상으로 보아 화장(火葬)은 결코 아니다.

**쌍영총 현실 동쪽 벽화**(부분)  전체 9명의 인물이 행진하고 있는데 가운데에 삭발하고 검은 가사를 입고 오른손에 석장을 쥐고 있는 사람이 승려이다. 이것은 승려의 선도로 극락으로 가는 행렬을 그림으로 나타낸 것이다.

한편 인도에서 행하여진 장례법을 따라 화장을 하였다 하더라도 여기에 반드시 장골(藏骨)한 묘탑이 건조된 것은 아니었다. 원효대사도 그러했고 신라 효성왕도 돌아가신 뒤 유명(遺命)에 의하여 법류사(法流寺)의 남쪽에서 영구(靈柩;시체를 넣은 관)를 화장하였으되 그 유골은 동해에 뿌렸다.

백제에 있어서도 이와 같은 장례법이 있었음을 최근 화장묘(火葬墓)의 발견 조사로 알 수 있는데 이렇듯 용기(容器)를 사용하여 장골하는 장례법은 당시 널리 행해졌다.

그런데 유해를 화장한 뒤 고기석분(高起石墳)의 묘탑장(墓塔葬)을 한 것은 아니나 그렇다고 하여 장골한 용기를 매장한 것도 아닌 특수한 장례법이 근년에 조사되었으니 바로 경주의 동해(東海)에 봉안되어 있는 문무대왕의 해중 능침(海中陵寢)이다. 이것은 대왕의 유조(遺詔)에 따라 '의서국지식(依西國之式) 이화소장(以火燒葬)' '장동해구대석상(葬東海口大石上)'이라 하였으니 현재 경주시 양북면 봉길리 앞바다의 대왕암(大王巖)에 바로 수중릉(水中陵)이 모셔져 있다.

이 능침의 장골은 곧 불교에서의 사리 봉안 방식을 그대로 따르고 있는 것으로 이러한 장례법의 해중 유구(海中遺構)는 세계 어느 나라에서도 볼 수 없는 것이다. 이러한 방법의 장골이 바다 속이어서 어찌할 수 없었다 하지만 장골 방법과 그 조영 의장(造營意匠)을 지상으로 옮겨 볼 때 이것은 당시에 유행하였던 탑파의 그것을 구현하였을 것이므로 부도의 발생 과정을 연구함에 있어서 더없이 귀중한 유구라 하겠다.

이와 같이 우리나라에 불교가 전수된 뒤 승려들이나 불교에 귀의한 사람들의 장례법에 있어서 토장하였거나 또는 화장하였다 하더라도 묘탑을 건조하지 않고 장례한 여러 가지 형태를 문헌과 실례를 통하여 몇 가지 살펴보았다.

**문무왕 해중릉**  이 능침의 장골은 불교에서의 사리 봉안 방식을 그대로 따르고 있는 것으로 이러한 장례법의 해중 유구는 세계 어느 나라에서도 볼 수 없는 것이다. 이 장골 방법과 조영 의장을 지상으로 옮겨 볼 때 이것은 당시에 유행했던 탑파의 그것을 구현하였을 것이므로 부도의 발생 과정을 연구함에 있어서 더없이 귀중한 유구이다.

그러나 조형 미술이라는 점에서는 실제 그 유구들은 보이지 않고 있으며 간혹 유품이 전한다 하더라도 장골했던 용기 정도이니 사실상 묘탑에 비한다면 당시의 장례법 연구에 귀중한 자료가 될 뿐이지 조형물로서는 그리 문제가 되지 않았다. 그리고 이러한 여러 장례법은 문무대왕의 해중 능침과 같은 특수한 유구를 제외하고는 그 원형을 모두 후세에까지 길이 남길 수 없었으니 산골(散骨)이 아닌 장골이라 하더라도 장골한 용기의 파괴와 봉토의 파손 등으로 오래 보존할 수 없었을 것이며 「삼국유사」의 기록을 보더라도 토장한 진표율사 유골이 지표에 노출되어 흩어졌음을 알 수 있다. 이렇듯 부실한 장례법에서 보다 착실하고 오래 보존할 수 있는 다른 장례법을 필요로 하였던 일면이 있었을 것인데 이러한 필요는 욕망으로 발전하여 보다 좋은 장례법을 창안해 냈고 마침내는 외부로부터 묘탑 경영의 단서를 가지고 와서 그 뒤 우리나라에서도 묘탑의 건립이 시작된 것이 아닌가 한다.

신라에서 가장 오래 된 부도는 정관 연간(貞觀年間;627~649년)에 세워진 원광법사 혜숙(惠宿) 스님의 부도탑으로 「삼국유사」에 보인다. 원광법사의 부도도 삼기산 금곡사(三岐山金谷寺)에 정관 연간에 세워졌음을 알 수 있다. 그리고 백제에 있어서는 혜현 스님의 부도에 대하여 「삼국유사」에 보이는 것처럼 정관 연간에 묘탑을 세웠음을 알 수 있다.

그러나 이와 같은 내용은 기록뿐으로 모두 정관 연간에 부도가 세워졌음을 기록하고 있어 아마도 이 시기를 우리나라 부도 건립의 시초로 보아야 할 것이다. 당시 중국에 있어서도 이미 이러한 묘탑을 건조하여 그 실례로 당나라의 초당사 구마라습 사리탑(草堂寺 鳩摩羅什舍利塔)을 들 수 있다.

그리하여 당시 당나라와의 관계로 보아 우리나라에 있어서의 묘탑 건립의 추정은 당연한 일이지만 오늘에 이르러 실물을 대하지 못하여 증명할 수 없으니 결국은 우리나라 부도의 기원을 정관대로 추정함도 문헌상의 일일 뿐이다.

이후 신라 헌덕왕 5년(813)에 건립하였다는 단속사(斷俗寺) 신행선사비(神行禪師碑)에 부도의 존재를 알리고 있으나 현재 남아 있지 않고 이후 실물을 볼 수 있는 부도로는 문성왕 6년(844)에 건립된 염거화상탑으로 연대를 가지고 있는 가장 오래 된 유품이다.

**염거화상탑**  실물을 볼 수 있는 부도로는 가장 오래 된 유품으로 문성왕 6년(844)에 건립된 것이다.

이 문성왕 6년의 연대는 문헌상의 기원으로 추정하고 있는 정관 연간에서 약 200년이나 뒤진 때인데 이렇듯 2세기 동안의 공백기가 있었음은 의문이다. 그러나 이 문제는 그동안 묘탑에 대한 전승의 기록이 없고 실물이 전하는 것도 분명치 않은 기록이므로 현재로서 는 다만 이 공백기가 묘탑을 건립할 수 있는 여건이 되지 못했기 때문이었을 것으로 추측할 뿐이다.

다른 여러 가지 장례법과 같이 단순히 유골을 장골 봉안하는 일에 그쳤다면 어째서 불교의 전수와 더불어 또는 다른 장례법들과 함께 일찍부터 행해지지 않고 훨씬 나중에 행해졌을까 하는 의문점이 생긴다. 여기에는 장골말고 다른 정신적인 면과 조형적인 특별한 의도가 있었음을 생각해야 한다.

본래 묘탑의 건립은 법제문도(法弟門徒)들이 선사(先師)를 섬기 는 극진한 마음에서 세워지게 된다. 그런데 당초의 고승 대덕들은 불교를 전하고 불경을 번역하는 데만 전력하였으며 신이(神異 ; 사람 의 능력으로는 어찌할 수 없는 불가사의한 일)로써 백성들의 숭앙을 받았으니 후세 선종(禪宗)에서와 같이 일종 일파(一宗一派) 사자 상전(師資相傳)의 법문이 확정되지 않았다.

그러나 9세기에 이르러서는 당나라로부터 신행(神行)과 도의 (道義)에 의하여 선종이 들어와 그 뒤 전국에 두드러진 9종파(九宗 派)가 생겨 이른바 선문 9산(禪門九山)을 이루게 되었는데 9산의 각 선문에서는 각기 사자 상승(師資相承)함으로써 선풍(禪風)을 크게 일으켰으며 각 산문(山門)에는 그 법문(法門)의 개산조(開山 祖)와 개산인(開山人)의 순서로 뚜렷한 일종파(一宗派)의 계보가 이루어졌다. 각 선문의 제자들은 각기 소속 종파가 확정되면서 그들 의 조사(祖師)를 숭봉하여 보통 때 그가 설법한 내용이나 교훈 등을 어록(語錄)으로 남기고 입적 뒤에는 후세에 길이 보존될 조형적인 장골처를 남기려는 뜻에서 나타난 것이 석조 부도이다.

'석조 부드'란 석재로 건조한 승려의 묘탑이다. 이러한 석조 부도의 발달 배경으로는 앞에서 살펴본 것처럼 일찍이 많은 불교식의 장례법이 실행되었으나 모두 마땅치 않은 장속(葬俗)이어서 선종이 들어온 뒤 므든 법제문도들은 영구적인 장골 방법을 강구하고 있었다. 9세기에 이르러서는 어떠한 형태이든 이미 선대에 부도가 건조되었고 당나라에서는 석조 부도의 실례를 보이고 있어 당을 내왕하는 승려들에게는 견문이 되기도 했다. 그리고 당시 우리나라의 사정으로 보아 삼국시대 말부터 수세기 동안 연마한 건탑의 기술이 발달하여 곳곳에서 탑파의 조영이 성행되었으며 그 재료인 양질(良質)의 화강암은 부족함이 없이 채취되고 있었다.

이러한 상황에서 우리나라는 선종이 들어온 뒤 조사 숭배의 풍이 짙어졌을 때 과거의 부실했던 장골처를 보다 견실하게 마련하려는 데서 석조 부도가 발생하게 된 것이다. 그러므로 오늘날 당시의 각 선문(禪門)에는 개산조사(開山祖師)의 석조 부도가 건조되어 있어 그 연대들은 대개 9세기 중반 이후로 추정되고 있다.

# 석조 부도의 전형 양식

　우리나라에서 건립 연대가 확실한 가장 오래 된 부도는 염거화상 탑으로 우리나라 석조 부도 양식의 계통을 세운 것이다.

　이 부도는 8각형을 기본으로 하여 하대석, 중대석, 상대석 등의 기단부는 물론이고 이 위에 놓이는 탑신 괴임대, 탑신부, 옥개석, 상륜부까지 모두 8각으로 조성되어 층층이 쌓인 것으로 전체적인 평면이 8각인데 이러한 형식의 부도를 이른바 8각 원당형(圓堂型)이라 일컫는다. 이후 신라시대에 건립된 석조 부도는 모두 이러한 형태를 기본으로 삼고 있으니 우리나라 석조 부도의 전형은 곧 8각 원당형이라 하겠고 그 정립은 역시 9세기 후반으로 보아야 할 것이다.

　그런데 이전에 아무런 형식도 없이 전형적인 양식인 8각 원당형이 등장하고 있음은 이에 앞서는 다른 어떠한 조형에서 단서를 가지고 있었던 것이 분명하다. 곧 나라 안팎을 통한 여러 유구에서 여러 가지 관계 자료를 종합 검토하여 문제의 단서를 밝히는 일이 우선 앞서야 될 것이므로 먼저 8각 원당형의 연원(淵源)을 찾고 다음으로 신라 부도의 양식 및 그의 변천상을 고찰하는 것이 순서이다.

8각 원당형의 어원을 살펴보면 「불교대사전(佛教大辭典)」에 8각당을 설명하되 "8각 8릉(八角八楞)이란 본래 아미타의 삼매야형(三昧耶形)으로 미타와 관음의 전당(殿堂)은 대개 8각이며 8각당을 원당이라 함은 8각이 거의 원형인 까닭이다. 관음의 정토 보타락산(淨土補陀落山)이 8각이란 것도 이에서 나온 것으로 미타와 관음은 동체(同體)이다"라고 하였다. 또 「건축 사전」에는 "건축학적으로 보아 평면이 8각인 건물은 8각 원당의 건물이라는 용어를 쓰고 있다"라고 하였다. 따라서 외형으로는 8각이 원형에 가깝기 때문에 8각의 건축물을 8각 원당형의 건물이라 하고 불교적인 내용에서 볼 때는 아디타와 관음의 전당이 대개 8각 원당이었다는 것에서 그 연원을 찾을 수 있겠다.

그러므로 8각 원당형의 부도라 함은 조형으로 보아 그 형태가 8각의 평면이기 때문에 붙여진 용어인 동시에 불교적인 입장에서 본다면 하나의 전당이라는 뜻에서 불리는 이름이다.

이러한 부도의 연원인 불전(佛殿) 곧 미타와 관음의 전당으로서의 8각 원당은 우리나라에서는 아직 그 유지(遺址)가 조사된 바 없다. 다만 기록으로는 전라북도 남원군의 실상사 수철화상능가보월탑비(實相寺秀澈和尚楞伽寶月塔碑)의 비문에서 '8각당'의 명문을 볼 수 있으나 이것이 과연 불교적인 당전(堂殿)으로서의 8각당인지 또는 궁전으로서의 8각당인지는 알 수 없다. 그러나 겉으로 보았을 때 8각의 당우(堂宇)였던 것은 분명하므로 8각 원당이라는 추측은 가능한 일이다.

그런데 일본에서는 이러한 8각 원당의 유례를 보이고 있으니 예컨대 법륭사 동원(法隆寺東院)의 몽전(夢殿;유메도노)과 영산사(榮山寺)의 8각당은 그 대표라 하겠다. 특히 법륭사의 몽전은 일본의 현존 유구 가운데 제일 오래 된 가장 아름다운 8각당으로서 그 건립 연대가 신라 효성왕 3년(일본 天平 11년, 739)이다.

**법륭사 몽전**  8각 원당의 유례를 보이는 건물로 일본에 현존하는 유구 가운데 제일 오래 된 가장 아름다운 8각당이다.  이 건물은 건립 연대가 신라 효성왕 3년(739)으로 밝혀져 통일신라 성대에 해당된다.

26 석조 부도의 전형 양식

영산사 8각당 일본에
현존하는 8각 원당의
유례로 건립 연대는
신라 경덕왕 22년경
으로 추정되고 있으
므로 몽전보다 24년
이 늦으나 역시 건립
연대는 신라 성대에 해
당된다.

　이는 통일신라 성대에 해당하며 영산사 8각당의 건립 연대에
대해서는 신라 경덕왕(景德王) 22년(일본 天平寶字 7년, 763)경으
로 추정되고 있으므로 몽전보다 24년이 늦으나 역시 신라 성대에
해당됨을 알수 있다.

　중국에 있어서는 이러한 8각 원당의 유례는 조사된 것이 없으나
8각 원당형의 부도로서는 신라 경덕왕 5년(唐天寶 5년, 746)에
건립된 하남 회선사(河南 會善寺)의 정장선사신탑(淨藏禪師身塔)
이 전조(塼造)로서 남아 있고 석조 부도로서는 장안 소요원(長安
逍遙園)의 구마라습 사리탑이 남아 있어 800년을 전후한 시기의
건립으로 추정하고 있다.

**하남 회선사 정장선사신탑**  중국에서는 일본과 같은 8각당은 아니나 목조의 번안으로
이루어진 회선사의 정장선사신탑이 8세기에 건조된 8각 원당형 부도로서 그 실물을
보이고 있다.

위의 사실에서 일본에 8각당이 남아 있는 것을 보면 중국이나 우리나라에는 이들보다 앞서는 시기에 이미 이러한 8각당이 건조되고 있었음을 짐작할 수 있다. 그러므로 현재 남아 있는 실물이 없고 또한 그 옛터나 옛날 구조가 아직 조사되지 않았을 뿐이지 이러한 모든 사정으로 보면 일찍부터 8각당이 건조되었으리라는 추측은 충분히 가능하다.

그런데 중국에서는 일본과 같은 8각당은 아니나 목조의 번안으로서 이루어진 회선사의 정장선사신탑과 소요원의 구마라습 사리탑이 8세기에 건조된 8각 원당형 부도로서 그 실물을 보이고 있다. 이 두 부도는 그 재료로 보아 각각 전조탑 곧 벽돌로 쌓은 탑과 석조 부도라 하지만 모든 형식에서는 목조의 그것을 옮기고 있는데 이러한 현상은 우리나라 석탑의 시원 양식이 목조 탑파의 가구(架構)를 모방한 데서 비롯된 것과도 같은 일이라 하겠다. 그리하여 이러한 두 부도는 우리나라 8각당 경영과 연관이 되며 특히 이 가운데 구마라습 사리탑은 전체의 양식과 그 건립 연대로 보아 8각 원당형 석조 부도의 시발에 보다 직접적인 영향을 주었을 것이다.

이와 같이 다른 나라에서 8각당의 조영이 진행되고 있는 가운데 우리나라에서는 그와 같은 당전은 아직 실물의 흔적을 찾지 못하였다 하더라도 8각당의 축소물이라고 볼 수 있는 금속 사리구는 일찍부터 조성되고 있어서 그 실례를 보이고 있으니 감은사 터 서3층석탑 안에서 발견된 청동제 사리기(靑銅製舍利器, 보물 366호)가 그것이다.

이 유품은 1959년 12월 경상북도 경주군 양북면 용당리에 건립되어 있는 감은사 터 서탑을 해체 수리하였을 때 3층 탑신에서 발견 조사된 사리 장엄구로서 기단, 신부, 보개의 세 부분으로 구성된 보좌형(寶座形)의 사리기인데 방형 기단 위에 8각의 신부를 얹고 있어 이 8각 탑신이 곧 8각당의 그것과 서로 통하고 있다.

**감은사 터 서3층석탑 발견 청동제 사리기 평면도와 측면도**  이 그림들은 사리기의 모습을 추정 복원한 것이다. 이 사리기는 기단, 신부, 보개의 세 부분으로 구성된 보좌형으로 방형 기단 위에 8각의 신부를 얹고 있어 이 8각 탑신이 곧 8각당의 그것과 서로 통하고 있다.(위, 옆면)

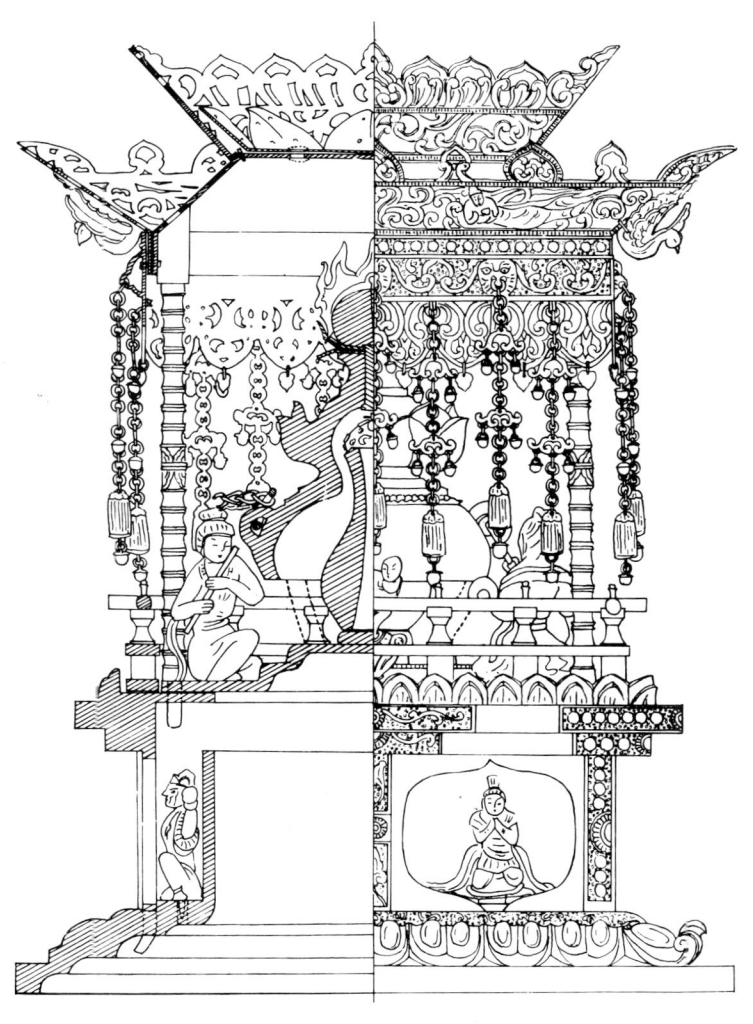

**감은사 터 서3층석탑 발견 청동제 사리기**  이 사리기가 나온 탑의 조성 연대가 통일신라 직후인 7세기 후반으로 추정되고 있으며 이후 통일신라시대를 거쳐 고려시대에 이르기까지 금속제 8각 사리탑의 유례가 있으므로 우리나라 금속제 8각 원당형 사리탑이 예부터 그 계보를 정립하고 있음을 알 수 있다.

　　감은사터 서3층석탑에서 발견된 청동제 사리기는 하나의 사리탑인데 내용적으로는 불탑의 사리 장치라 하더라도 겉으로 볼 때는 8각 원당을 금속으로 나타낸 것이다.

　　이 탑의 연대가 통일신라 직후인 7세기 후반으로 추정되고 있으며 이후 통일신라시대를 거쳐 고려시대에 이르기까지 금속제 8각 사리탑의 유례가 있으므로 우리나라 금속제 8각 원당형 사리탑이 예부터 그 계보를 정립하고 있음을 알 수 있다.

한편 석조물에 있어서의 문제는 일찍이 우현 고유섭(又玄 高裕燮) 선생의 유고(遺稿)인 '부도계(浮圖系)'에서 논한 것처럼 불국사 다보탑을 보았을 때 그 출발과 내용에 있어서는 8각당과 엄연한 구별이 있으나 형태에서만 보면 8각의 탑신부를 이루고 있는 그 부분이 8각 원당형이어서 주목된다.

다보탑의 기단은 방형으로 이곳에 사방 보계(四方寶階)가 있고 또한 방주(方柱)가 있으며 이 위에 탑의 주체가 되는 탑신을 받고 있는데 이 탑신부가 8각으로 이루어져서 곧 8각 원당형과 상통되는 점이 아닌가 생각된다.

이 밖에 탑신부에 있어서 8각 원당형을 이루고 있는 또 하나의 예로 강원도 양양군 강현면 둔전리의 진전사지 부도(陳田寺址浮屠; 보물 439호)를 들 수 있다.

이 부도는 기단부가 방형으로 일반형 석탑의 기단을 이루고 있어 현지에 함께 건립되어 있는 진전사지 3층석탑(국보 122호)의 형식을 따르고 있다. 그러나 탑신부 괴임대부터 옥개석까지 8각으로 구성되어서 곧 8각 원당형의 탑신을 이루고 있음을 알 수 있다.

이 부도의 건립 연대는 9세기 중엽으로 추정되며 이곳 진전사에 40년 동안이나 은거하였던 도의선사(道義禪師)의 부도가 아닌가도 생각하고 있다. 이러한 추정에는 상당한 이유가 있으니 당시 우리나라에 선풍(禪風)을 전하고 또한 일으킨 사람이 바로 도의선사이며 진전사는 바로 이 도의선사가 불출산문(不出山門)한 채 염거화상이나 보조선사(普照禪師)와 같은 고승들이 차례로 사자 상승한 유서 깊은 선찰(禪刹)이다. 그리하여 도의선사의 제자인 이 두 선사의 부도는 건조되어 오늘에까지 남기고 있는데 이들의 조사(祖師)가 되는 도의선사의 묘탑도 건립하지 않았겠느냐 하는 것이 일반적인 생각이다.

34 석조 부도의 전형 양식

**불국사 다보탑**  다보탑의 기단은 방형으로 이곳에 사방 보계가 있고 또한 네모 기둥이 있으며 이 위에 탑의 주체가 되는 탑신을 받고 있는데 이 탑신부가 8각으로 이루어져서 곧 8각 원당형과 상통되는 점이 아닌가 생각된다.(옆면, 위)

36 석조 부도의 전형 양식

**진전사지 부도** 불국사 다보탑과 함께 탑신부에 있어서 8각 원당형을 이루고 있다.
   이 부도는 기단부가 방형으로 일반형 석탑의 기단을 이루고 있지만 탑신부 괴임대부
   터 옥개석까지 8각으로 구성되어서 8각 원당형의 탑신을 이루고 있음을 알 수 있
   다.(옆면)
**진전사지 3층석탑 기단부** 부도와 함께 현지에 건립되어 있는 진전사지 3층석탑의
   기단부는 부도의 기단부와 같은 방형이다.(위)

이와 같은 생각에서 진전사지 부도를 9세기 중엽의 건립으로 보았을 때 역시 염거화상탑과 비교가 되는데 탑신부에 있어서 8각 원당을 기단 위에 올려 놓은 형식 및 그 형태가 서로 같음을 알 수 있다.

이상과 같이 일본에서의 8각당과 중국의 전조 및 석조 8각 원당 그리고 특히 우리나라에 있어서의 금속제 8각당, 석조 불탑의 8각 원당 형식과 석조 부도의 8각 원당형 탑신 등을 살펴보았다.

이같은 모든 사실을 종합해 보았을 때 일본에 8각당이 존재함을 보면 우리나라와 중국에서는 이보다 앞서 8각당이 조영되었을 것인데 그 예로 중국에서는 정장선사신사탑과 구마라습 사리탑이 남아 있고 우리나라에는 감은사 청동제 사리기 등이 실례를 보이고 있으며 불국사 다보탑의 탑신과 진전사지 부도에서 8각 원당의 유형을 찾아볼 수 있다.

우리나라 석조 부도의 전형인 8각 원당형의 연원은 이렇듯 선행된 여러 조형에서 그 단서를 갖게 되었던 것이다.

# 통일신라시대

## 전형 양식의 정립

우리나라 석조 부도의 건립은 삼국시대 말부터 있었다고 하지만 이것은 어디까지나 문헌상의 일이요 실물을 보였던 것은 9세기 중엽 이후부터였다. 그리하여 가장 오래 된 것으로 도의선사의 부도로 추정되는 진전사지 부도와 염거화상탑을 들 수 있으니 이 2기의 부도야말로 한국 석조 부도 양식의 계통을 세움에 있어 그 기점을 이룬다고 하겠다.

그러나 진전사지 부도는 기단부와 탑신부로 이루어져 신라시대 석탑의 일반적인 형태인 방형 2층 기단 위에 앙련 괴임 1석을 놓고 8각 탑신석과 8각의 옥개석을 쌓은 특수한 양식이어서 8각 원당형 석조 부도의 전형 양식이 정립되기까지의 시원적인 양식을 보이는 것이라 하겠다.

통일신라시대의 전형적인 양식이 정립된 것은 염거화상탑이라 하겠으니 이 부도는 8각형을 기본으로 하여 상, 중, 하대석 등의 기단부는 물론이고 이 위에 놓이는 탑신 괴임대와 탑신부, 옥개석,

상륜 부재까지 모두 8각으로 조성되어 층층이 쌓인 것으로 전체적인 평면이 8각인데 이러한 형식의 부도를 8각 원당형이라 일컫고 있으며 이후 신라시대에 건립된 석조 부도는 모두 이러한 형태를 기본으로 삼고 있으니 한국 석조 부도의 전형은 곧 8각 원당형이라 하겠고 그 정립은 역시 9세기 후반으로 보아야 한다. 8각 원당형 부도는 본래가 탑으로서 비롯된 것이 아니라 불전으로 시작되었던 것이 나중에 아미타에 귀의한 자의 사리를 봉안함으로써 탑형을 이루게 된 것으로 해석하고 있다.

우리나라 8각 원당형 석조 부도의 기점을 이루고 있는 염거화상탑을 보면 다른 나라에서의 8각당과 비유하여 8각 원당으로서의 탑신부와 이 탑신을 안치하는 기단부로 나눌 수 있으므로 기단은 우선 건축물의 기단부라 하겠지만 조형적으로는 불상을 모셔 놓은

**염거화상탑 탑신부**  8각 탑신의 앞뒷면에 문비형을 표시하고 그 좌우에는 사천왕상을 조각하였으며 특히 각면의 모서리에 우주를 조출하였다.

불단이나 또는 불상의 대좌와도 같은 의장으로 구성되어서 그 위에 사리를 봉안한 8각 원당을 안치한 것으로 보인다. 한편 8각 원당에 있어서는 전체적으로 보아 목조 8각당을 그대로 석조물에 옮긴 것이라 할 정도의 같은 형식이라 할 수 있다. 곧 8각 탑신의 앞뒷면에 문비형(門扉形;문짝)을 표시하고 그 좌우에는 사천왕상을 조각하였으며 특히 각면의 모서리에 우주를 조출하여 주형(柱形)을 표시하고 있다. 그리고 옥개석에 있어서는 아랫면에 연목형(椽木形)을 표시하고 윗면에 기왓골을 나타냈으며 특히 막새기와의 형태를 조각하고 있다. 이러한 모든 조형은 곧 목조의 번안에서 이루어진 것으로서 8각 원당형의 석조 부도가 이루어지기에 앞서 목조 8각당의 조영이 먼저 이루어졌음을 알 수 있게 한다.

이렇게 하여 시작된 석조 부도는 모두 이러한 기본형을 따라 기단 위에 8각 원당의 탑신부가 안치되고 8각 원당은 탑신과 옥개석으로 이루어지며 그 정상에 보병류(寶瓶類)의 상륜부가 놓인다. 또 각부에 있어 조식이 화려해지고 장엄이 더해지거나 형식에 있어서 다소의 변형을 보이게 되는 것은 각 공장(工匠)들의 기법의 영향도 있겠으나 크게는 건조 시기와 지역적인 문제에서 오는 결과라고 할 수 있다.


# 대표적인 석조 부도

현재 통일신라시대에 건립된 석조 부도로 남아 있는 것 가운데 형태가 완전하며 건조 연대가 뚜렷한 것은 염거화상탑을 비롯하여 다음의 8기를 들 수 있다.

✿ 염거화상탑(廉居和尙塔) 국보 104호, 현재 국립중앙박물관 마당에 옮겨 서움, 문성왕 6년(844).

🔹 대안사 적인선사조륜청정탑(大安寺寂忍禪師照輪淸浄塔) 보물 273호, 전라남도 곡성군 죽곡면 원달리 소재, 경문왕 원년(861).

🔹 쌍봉사 철감선사탑(雙峰寺澈監禪師塔) 국보 57호, 전라남도 화순군 이양면 쌍봉리 소재, 경문왕 8년(868).

🔹 보림사 보조선사창성탑(寶林寺普照禪師彰聖塔) 보물 157호, 전라남도 장흥군 유치면 봉덕리 소재, 헌강왕 6년(880).

🔹 봉암사 지증대사적조탑(鳳巖寺智證大師寂照塔) 보물 137호, 경상북도 문경군 가은면 원북리 소재, 헌강왕 9년(883).

🔹 실상사 증각대사응료탑(實相寺證覺大師凝寥塔) 보물 38호, 전라북도 남원군 산내면 입암리 소재, 9세기 후반.

🔹 실상사 수철화상능가보월탑(實相寺秀澈和尙楞伽寶月塔) 보물 33호, 전라북도 남원군 산내면 입암리 소재, 진성여왕 7년(893).

🔹 봉림사 진경대사보월능공탑(鳳林寺眞鏡大師寶月凌空塔) 보물 362호, 현재 서울 경복궁에 옮겨 놓음, 경명왕 7년(923).

## 대안사 적인선사조륜청정탑

사찰 중심을 약간 벗어난 북쪽 언덕에 건립되어 있는데 이곳 대안사의 개산조사(開山祖師)인 혜철(慧澈)의 부도이다. 이 부도는 기단부부터 옥개석과 상륜부에 이르기까지 8각을 고수하고 있어 8각원당형이라는 신라 석조 부도의 전형을 잘 나타내고 있다.

지대석은 방형의 2단으로 구성되었고 각 부재와 똑같이 세련된 치석을 보이며 별다른 조식은 없다.

기단부는 상, 중, 하대석으로 이루어졌으며 모두 8각이고 별석으로 조성하였는데 특히 상대석은 아랫면에 낮은 각형 받침 3단을 8각으로 내놓아 그 밑의 중대석 괴임 3단과 대칭을 보이며 아랫면에도 각형의 3단 괴임을 각출하고 그 위의 부재를 받고 있다. 상대측면에는 앙련을 3중으로 조각하였는데 아랫단에 한 줄의 앙련이

**대안사 적인선사조륜청정탑**  이 부도는 기단부부터 옥개석과 상륜부에 이르기까지 8각을 고수하고 있어 8각 원당형이라는 신라 석조 부도의 전형을 잘 나타내고 있다.

**대안사 적인선사조륜청정탑비** 이 탑비의 비문에 의하여 선사의 행적과 당시의 사찰, 건탑, 건비 등 여러 관계 내용을 알 수 있으며 이 부도의 건립연대를 861년으로 추정할 수 있다.

있고 그 위에는 2엽이 중첩되어 있어 3중이며 이 연판 안에는 종선이 중심에 양각되었을 뿐 별다른 장식이 없으나 주연과 잎 끝부분의 표현이 사실적이라 하겠다.

탑신 괴임대는 기단 상대석과 동일석이며 윗면에 각출한 3단의 각형 괴임 위에 마련되었는데 각 측면에 세장한 안상을 2구씩 배치하였다. 탑신석은 각면에 양 우주를 각출하고 앞뒷면에 문비형을 모각하였으며 그 좌우 측면에는 사천왕상을 조각하였다.

옥개석은 넓으며 아랫면에는 각형 연목이 2중으로 조각되어 목조 건축의 양식을 보이고 있음을 알 수 있으니 이렇듯 목조 가구를 구현하고 있음은 상면과 추녀 끝에서도 쉽게 볼 수 있다.

상륜부는 옥개석 정상에 2단의 각형 괴임을 각출하여 받고 있는데 보주까지 각 부재가 완전히 남아 있다.

이 부도의 옆에는 탑비가 서 있는데 이 비문에 의하여 선사(禪師)의 행적과 당시의 사찰, 건탑, 건비 등 여러 관계 내용을 알 수 있으며 이 부도의 건립 연대를 경문왕 원년(861)으로 추정할 수 있다.

### 쌍봉사 철감선사탑

이 부도는 신라시대뿐만이 아니라 우리나라 전시대를 통하여 가장 수려(秀麗)한 부도로 알려져 있다. 이 부도는 신라 석조 부도의 통식인 8각 원당형을 이루어 기단부 위에 탑신과 옥개석이 놓여 있으며 옥개 상면에는 원형의 찰주공만이 남아 있고 상륜부는 없어졌다. 그리고 각부의 석재는 화강암으로 하대석 1매, 중대와 상대석이 동일석, 탑신과 옥개석이 각 1매씩 모두 4매석으로 구성되었다.

기단부는 상, 중, 하대석으로 형성되었고 지대석은 현재 시멘트로 보강하였으나 8각으로 추측되며 하대 하단부에 하대석과 동일석으로 된 8각의 각형 2단과 원형의 낮은 각형 괴임으로 하대를 받고 있다.

탑신 괴임대의 8귀퉁이에는 상(床)다리 모양의 동자주(童子柱)를 원각하고 그 안에 안상을 1구씩 깊게 음각하였으며 안상에는 악기를 연주하는 가릉빈가를 1좌씩 양각하였는데 그 형태는 모두 다르다. 괴임대 상단은 갑석형을 이루고 있는데 이 측면과 상다리 모양의 동자주 표면에는 각기 가로와 세로로 단선문(短線紋)이 음각되었다. 윗면에는 탑신을 받기 위하여 8각으로 호형과 각형의 2단 괴임을 조출하였는데 호형에는 1변에 1판씩의 복련을 조식하였다.

46 통일신라시대

**쌍봉사 철감선사탑**　이 부도는 신라시대뿐만이 아니라 우리나라 전시대를 통하여 가장 아름다운 부도로 알려져 있다. 이 부도는 신라 석조 부도의 통식인 8각 원당형을 이루어 기단부 위에 탑신과 옥개석이 놓여 있으며 옥개 상면에는 원형의 찰주공만이 남아 있고 상륜부는 없어졌다.(옆면, 위)

**쌍봉사 철감선사탑 옥개석** 옥개석도 8각으로 낙수면이 평박하며 각 우동(隅棟)이 굵직하고도 유려하게 흘러내렸고 기왓골이 표시되었다.

**쌍봉사 철감선사탑 탑신 괴임대** 탑신 괴임대의 8귀퉁이에는 상다리 모양의 동자주를 원각하고 안상 안에 악기를 연주하는 가릉빈가를 1좌씩 양각하였다.

쌍봉사 철감선사탑 탑신부
탑신은 앞뒷면에 문비형
이 모각되어 광액 안에
자물통이 조각되었고
다른 4면에는 사천왕상,
2면에는 공양비천상이
2좌씩 조각되어 있다.

8각 탑신의 8귀퉁이에는 원형 기둥을 세웠으며 배흘림의 수법이 완연한데 기둥 위에는 주두(柱頭)가 표현되어 있고 원주(圓柱) 사이에 횡방(橫枋)이 가로 놓여 있으며 횡방 중앙에는 역시 접시 받침이 놓여 있다. 탑신은 앞뒷면에 문비형이 모각되어 광액(框額) 안에 자물통이 조각되었고 다른 4면에는 사천왕상이, 나머지 2면에는 공양비천상 2좌씩이 각각 원각에 가깝도록 조각되어 있다.

옥개석 또한 8각으로 낙수면이 평박하며 각 우동(隅棟)이 굵직하고도 유려하게 흘러내렸고 기왓골이 표시되었다. 현재 탑비는 없으나 여러 가지 관계 기록에 의하면 철감선사의 입적이 경문왕 8년(868)이므로 부도의 건립도 이때로 추정하고 있다.

## 보림사 보조선사창성탑

　이 부도는 보림사의 개산인(開山人)인 보조선사의 부도로 높직한 8각 지대석 윗면에 주변을 따라 매우 얕은 각형 1단의 괴임을 각출하고 그 위에 세웠다. 기단부는 상, 중, 하대석으로 구성되었고 하대석은 상, 하 2단으로 이루어졌다. 하대석의 형태는 상, 하단 8각인 것이 확실하나 현재는 파손이 심하여 그 윤곽이 분명하지 않은데 나머지 몇 군데의 측면을 보면 아랫단은 각면에 안상이 있고 상단에는 사자상을 조각한 흔적이 남아 있다.

**보림사 보조선사창성탑 기단부**　기단부는 상, 중, 하대석으로 구성되었고 하대석은 상, 하 2단으로 이루어졌다.(위)
**보림사 보조선사창성탑 탑신**　탑신 8면에는 앞뒷면에 문비형을 모각하고 그 좌우 면에는 사천왕상을 조각하였다.(오른쪽)

보림사 보조선사창성탑

탑신 괴임대는 별석으로 높직하게 조성하여 끼웠으며 8각을 이루었다. 각 측면에는 안상 등의 조각이 전혀 없으며 중간에 가로로 1조의 세선(細線)을 양각하고 상, 하단은 낮게 갑석형을 두르고 있다. 탑신석은 유난히 크고 넓어서 상대석에서는 위압감마저 느끼게 한다. 8각의 각면에는 양 우주가 조각되고 특히 상단부는 주두가 모각되어서 목조 가구를 구현한 일면을 보이고 있다. 탑신 8면에는 앞뒷면에 문비형을 모각하고 그 좌우면에는 사천왕상을 조각하였는데 탑신석의 각 조각에서 다른 석조 부도들과는 달리 주목되는 점을 몇 가지 볼 수 있다. 곧 문비형에 있어서 문약형(門鑰形), 그 밑에 쌍환(雙環)이 각각 모각되었는데 여기에는 귀면을 양각하여 특이하게 보이고 문고리도 굴곡이 있는 고리로 표현하여 장식적임을 알 수 있으며 앞뒤의 사천왕상에 있어서도 갑주가 화려하다. 그러나 문비형 위에 화문을 조식한 것이라든가 문비의 윤곽 등 전체적인 구성은 별로 다르지 않다.

옥개석은 둔중하므로 혹시 후보물이 아니냐는 의문마저 갖게 하는데 석질에 있어서는 탑신이나 기단부와 같다. 상륜부는 현재 완형이 아니나 복발과 보륜, 보주 등이 차례로 놓여 있다.

이 부도의 앞쪽에는 탑비가 남아 있어서 주인공 및 그의 행적, 당시의 사찰, 대외 관계 등 모든 내용을 알 수 있는데 비문에 의하여 이 부도의 건조 연대를 헌강왕 6년(880)경으로 추정하고 있다.

## 봉암사 지증대사적조탑

봉암사를 개창한 지증대사의 부도로 사찰 중심에서 서북쪽의 한적한 곳에 탑비와 나란히 서 있다. 신라 전형인 8각 원당형을 기본으로 한 부도로서 여러 장의 판석으로 짜여진 방형 지대석 위에 건립되어 있다.

기단은 상, 중, 하대로 구성되었으며 하대석은 1단뿐인데 하대석

**봉암사 지증대사적조탑**  신라 전형인 8각 원당형을 기본으로 한 부도로서 여러 장의
판석으로 짜여진 방형 지대석 위에 건립되어 있다.

**봉암사 지증대사적조탑 중대석**  중대석은 8면에 안상을 음각하고 그 내면에 각종 조각을 배치하였는데 안상의 형태는 네모를 곡선으로 표시하고 위아래를 열었다.

각 측면에는 통식의 안상을 1구씩 음각하고 그 안에 사자상을 1좌씩 양각하였는데 사자들은 방향과 네 발의 형상을 각기 달리하고 있어서 생동적인 느낌을 준다.

탑신석은 각면에 양 우주가 각출되고 전면에 조각이 있는데 앞뒷면에 문비형을 모각하여 자물통을 표시하였고 문비의 좌우에는 각각 사천왕상을 배치하였으며 나머지 양 측면에는 보살 입상을 양각 배치하였다.

옥개석은 탑신이나 기단부 각 부재에 비하여 매우 광대하며 현재 많은 부분이 파손되어 있다. 옥개석 상면은 8면의 합각에 굵직한 우동(隅棟)을 표시하였고 낙수면에는 기왓골이 없이 평평한데 이것은 다른 부도에서는 볼 수 없었다. 8귀퉁이의 전각에는 좁고 높직한 삼산형(三山形)의 귀꽃을 조각하였다.

옥개석 정상에는 별석으로 조성한 연화대석을 놓아 상륜부를 받치고 있으며 현재 남아 있는 상륜 부재는 노반과 복발, 보주 등인데 노반은 8각이고 나머지는 원형이다.

이 부도 바로 옆에 있는 탑비의 비문에 의해 부도의 주인공과 그의 행적 그리고 이 석조 부도와의 관련 내용 등을 알 수 있는데 건립 연대는 헌강왕 9년(883)으로 추정되고 있다.

### 실상사 증각대사응료탑

실상사의 개산조사인 증각대사의 부도로 극락전 동쪽에 자리잡고 있는데 현재가 원위치이다. 1매의 판석으로 조성된 방형 지대석 위에 부도를 세웠는데 차례로 놓인 기단부, 탑신, 옥개석, 상륜 부재가 모두 8각이어서 신라 석조 부도의 전형인 8각 원당형을 기본으로 삼고 있음을 알 수 있다.

기단부는 상, 중, 하대석으로 구성되었고 하대석은 2단으로 조성하였다. 하단은 전면에 운문을 양각하였고 상단은 상면에 8각으로 1단의 각형 괴임을 각출하여 그 위의 부재를 받고 있을 뿐 측면이나 윗면에 아무런 조식이 없다.

8각의 탑신 괴임석은 별석으로 조성하여 얹었는데 하단부에 높직한 2단의 각형 괴임을 각출하였고 상단에도 높직한 갑석형과 부연으로 볼 수 있는 받침 1단이 모각되어서 상하 대칭을 이루고 있다. 그리고 각 모서리에는 3주를 연결한 주형을 세워서 각 측면을 깊숙히 이루고 있으며 그곳에 통식의 안상을 1구씩 음각하였는데 그 내면에는 아무런 조식도 없다. 윗면은 연화문을 두르고 그 위에 또 한 단의 각형 괴임을 각출하여 탑신을 받고 있다.

탑신석은 각면에 양 우주를 각출하였으며 좌우에 사천왕상을 배치하였는데 문비형에 있어서 상부가 반원형을 이루고 또한 문비 안에 자물통과 문고리 2개를 양각하였다.

**실상사 증각대사응료탑** 1매의 판석으로 조성된 방형 지대석 위에 부도를 세웠는데 차례로 놓인 기단부, 탑신, 옥개석, 상륜 부재가 모두 8각이어서 신라 석조 부도의 전형인 8각 원당형을 기본으로 삼고 있음을 알 수 있다.

실상사 증각대사응료탑 탑신부 탑신석은 각면에 양 우주를 각출하였으며 좌우에 사천왕상을 배치하였는데 문비형에 있어서 상부가 반원형을 이루고 문비 안에 자물통과 문고리 2개를 양각하였다.

실상사 증각대사응료탑 탑신부 기단부는 상, 중, 하대석으로 구성되었고 하대석은 2단으로 조성하였다. 하단은 전면에 운문을 양각하였고 상단은 상면에 8각으로 1단의 각형 괴임을 각출하여 그 위의 부재를 받고 있을뿐 옆면이나 윗면에 아무런 조식이 없다.

우주 상부에는 주두가 모각되고 주두 사이에 평창방(平昌枋)을 짜서 돌렸으며 양쪽 우주 사이에는 접시 받침이 있다.

옥개석은 아랫면의 탑신석 위에 놓이는 부분에 높고 낮은 2단의 각형 받침을 마련하고 처마부는 널찍한 호형을 이루고 있으며 여기에 비천상을 조식하였다.

상륜부는 현재 8각의 앙화석과 보륜 그리고 구형(球形)의 보주석만이 차례로 놓여 있다.

이 부도의 건립 연대는 여러 가지 상황과 다른 예와의 비교에서 보조선사탑보다는 앞서며 쌍봉사 철감선사탑에 뒤지는 9세기 후반 (861~893년)으로 추정하는 것이 무리가 아닐 것 같다.

### 실상사 수철화상능가보월탑

실상사의 제2조사인 수철화상의 부도로 극락전 서쪽에 건립되어 있는데 현재가 원위치이다.

신라 전형인 8각 원당형을 기본으로 삼고 높직한 8각 지대석 위에 건립되어 있다. 지대석 위에는 괴임단 등 아무런 시설도 없이 기단부를 놓고 있으며 기단은 상, 중, 하대석으로 이루어졌다.

8각 하대석은 아랫단에 높직한 갑석형을 두르고 측면에는 그 주연에 따라 운문을 조식하였으며 각면에 운룡 또는 사자상을 양각하고 있음이 확실하다.

8각의 탑신 괴임대는 별석으로 조성하였는데 낮은 측면에는 각면에 1구씩의 세장한 안상이 있고 상단의 갑석형에는 각형으로 큼직한 받침을 각출하여 마치 부연의 형식으로도 보인다.

탑신은 8각의 각면에 양 우주가 각출되고 앞뒷면에는 문비형이 모각되었으며 그 좌우면에 사천왕상을 양각하였다.

옥개석은 전체적으로 평박한데 탑신석 위에 놓이는 부분에 1단의 각형 받침이 있고 처마 부분은 완만한 곡선을 이루어 비천상을 조식

**실상사 수철화상능가보월탑**  신라 전형인 8각 원당형을 기본으로 삼고 높직한 8각 지대석 위에 건립도어 있다. 이 부도가 서 있는 옆에 탑비가 건립되어 있는데 비문에 의하여 부도의 건립 연대를 893년으로 추정할 수 있다.

실상사 수철화상능가보월탑
**기단부** 지대석 위에 괴임
단 등 아무런 시설 없이
기단부가 놓여 있으며
기단은 상, 중, 하대석으로
이루어졌다.

하였으며 또한 그 바깥으로 각형의 연목을 모각하였다. 옥개 윗면은
8면의 합각에 굵은 우동을 표시하고 낙수면에는 기왓골을 나타냈으
며 추녀에 이르러서는 수막새와 암막새의 모각으로서 막음을 하였
다. 옥개석 정상에는 8각으로 2단의 각형 괴임을 조출하여 상륜부를
받고 있으나 현재 남아 있는 상륜 부재는 8각으로 조성된 노반석
하나밖에 없다. 이것은 통식으로서 표면에는 아무런 조식도 없고
상단의 갑석형에 부연이 모각되었을 뿐이다.

　수철화상탑이 서 있는 옆에는 탑비가 건립되어 있는데 이 비문에
의하여 부도의 건립 연대를 진성여왕 7년(893)으로 추정한다.

**실상사 수철화상능가보월탑 탑신부**　탑신은 8각의 각면에 양 우주가 각출되고 앞뒷면
에는 문비형이 모각되었으며 그 좌우면에 사천왕상을 양각하였다. 옥개석은 전체적으
로 평박하다.

## 봉림사 진경대사보월능공탑

　본래 경상남도 창원군 상남면 봉림리 봉림사 터에 건립되어 있었던 것을 1919년 3월에 현위치로 옮긴 것이다. 이 부도는 봉림산문(鳳林山門)의 개산인(開山人) 진경대사의 묘탑으로 신라 전형인 8각 원당형을 기본으로 삼아 기단 위에 탑신부와 옥개석, 상륜부를 차례로 올려 놓고 있다.

　기단부는 상, 중, 하대석으로 이루어졌으며 각 1석씩이 중적되었다. 8각 하대석의 측면에는 각면에 양 우주를 포함한 장방형의 구간을 마련하고 그 안에 신라 통식의 안상을 1구씩 음각하였는데 특히 각 안상의 하단 중앙에는 지선에서 삼산문(三山紋)이 솟아오른 형태를 조식하여 시대적인 특징을 보이고 있다. 그러나 중대는 평면이 원형이며 편구형(扁球形)으로 이루어진 중대석 측면에는 사방에 1구씩의 안상을 음각하였는데 그 형태는 통식이 아니다.

**봉림사 진경대사보월능공탑 기단부** 기단부는 상, 중, 하대석으로 이루어졌으며 각 1석씩이 중적되었다.

**봉림사 진경대사보월능공탑**  이 부도는 봉림산문의 개산인 진경대사의 묘탑으로 신라 전형인 8각 원당형을 기본으로 삼아 기단 위에 탑신부와 옥개석, 상륜부를 차례로 올려 놓고 있다.

**봉림사 진경대사보월능 공탑 옥개**  옥개석은 8각으로 조성되어 아랫면에 옥개 받침이 조출되었는데 탑신에 얹히는 하단은 낮은 각형이고 추녀 쪽으로 받쳐진 상단은 큼직한 원호이다.

중대석은 4각의 모(角)를 없앤 타원형인데 이 몸체에 장방형 안상이 있고 안상 안 좌우에서 꽃무늬 모양이 두출된 형식이다.

상대석도 평면이 원형인데 하면에는 8각으로 3단의 각형 받침을 각출하였다.

탑신은 신라시대의 전형인 8각 원당을 이루고 각면에 양 우주를 드러냈으며 상, 하단에도 돌대가 있어 마치 장방형 액자를 마련한 듯 할 뿐 아무런 조식도 없다. 옥개석은 8각으로 조성되어 아랫면에 옥개 받침이 조출되었는데 탑신에 얹히는 하단은 낮은 각형이고 추녀 쪽으로 받쳐진 상단은 큼직한 원호이다.

상륜은 각 부재가 많이 결실되고 현재 남아 있는 것은 앙화 1석과 그 위에 보주 1석이 놓여 있을 뿐이다.

이 부도는 바로 옆에 탑비가 건립되어 있으므로 부도의 주인공과 그 생애, 행적 등 여러 관계 내용과 부도의 건조 연대를 알 수 있으니 이에 의하여 경명왕 7년(923)으로 추정된다.

## 부도의 부분별 명칭

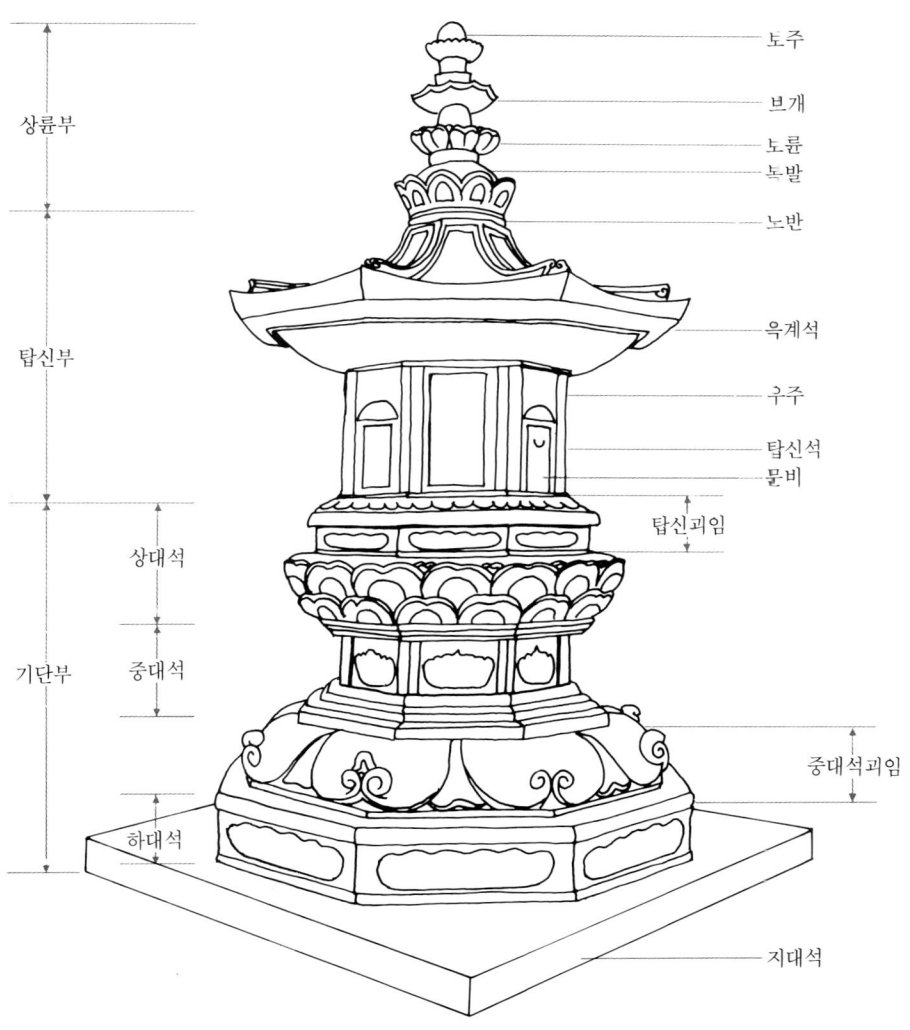

상륜부

탑신부

기단부

상대석

중대석

하대석

노주

브개

노륜

녹발

노반

옥계석

구주

탑신석

문비

탑신괴임

중대석괴임

지대석

# 통일신라시대 부도의 특징

이상과 같이 통일신라시대의 대표적인 석조 부도 8기에 대하여 살펴보았다. 그런데 이들 8기 가운데 봉림사 진경대사탑만이 신라 말기(923)에 건립된 것이며 나머지 7기는 모두 9세기 중엽부터 말엽에 걸쳐서 건조된 것이다. 그리고 이들은 모두 당시에 전국적으로 일어났던 각 선문에서 각기 그들의 개산조사 묘탑으로 건립된 것이었다.

그러므로 그 조영 양식에 있어서는 큰 변화를 일으키고 있지 않으며 다만 부분적으로 형태를 달리하고 있을 뿐인데 아마도 8각 원당형이라는 기본형을 따르고 있음에서 나타난 결과라고 할 수 있겠다. 그러나 각부의 조각에 있어서는 부도에 따라 다소 우열의 수법을 보이고 있으니 이것은 각 공장(工匠)들의 기교와 조사를 받드는 법제문도들의 획책의 차이에서 오는 현상일 것이다.

그런데 9세기 중, 후반에 건립된 7기 가운데 가장 오래 된 것이 염거화상탑으로 844년경이며 제일 늦은 것은 실상사 수철화상탑으로서 893년경인데 이 두 탑의 건립 시기 차는 50년이다. 그리하여 50년 차에서 중간이 되는 시기에 세워진 부도는 쌍봉사 철감선사탑 (868년경)으로 그 건조 시기를 생각해 보면 석조 부도의 시발에서 어느 정도 기술의 연마가 이루어진 때이다. 7기 가운데 가장 전형의 정립을 잘 보이는 부도는 이 쌍봉사 철감선사탑이어야 함이 이론적으로도 타당하며 실제로 부도 자체를 보아도 각부의 가구가 기묘하고도 완전하며 조각이 세련되고 아름다워서 실로 우리나라 석조 부도 가운데 최고의 걸작품으로 주목되고 있다. 이 부도를 보면 8각의 지대석 위에 2단으로 구성된 하대석이 놓였는데 여기에는 8좌의 사자가 조각되었고 중대석에도 안상 안에 조식이 가득하다.

상대석은 판 안에 조식이 있는 단판 앙련이 둘러졌고 탑신에는 문비와 사천왕상, 비천상이 조각되어 화려함이 이를 데 없으며 옥개석도 연목이 조각되고 기왓골과 막새기와의 조각으로 목조의 지붕을 그대로 표시하고 있어 장중한 작풍을 보이고 있다.

대체적으로 신라의 부도들을 이 쌍봉사 철감선사탑과 비교하여 볼 때 부분적으로 서로 다른 점을 보여 약간의 변형이 있을 뿐 전체적으로 보아서는 기교와 조각의 우열은 있으나 큰 변화가 없이 8각 원당형의 기본 양식을 그대로 구현하고 있다.

그러나 이러한 현상은 9세기 말까지이며 10세기에 들면 각부에서 많은 변화를 보이고 있으니 923년에 건립된 봉림사 진경대사탑은 기단부에서 하대에 사자상이 전혀 없고 안상도 얕게 조각되어서 형식화의 경향을 보이며 안상 안에 지선(地線)으로부터 꽃 모양이 솟아올라 시대적 특징을 보이고 있다. 그리고 중대석 괴임대도 간략화되어 괴임단 형식이고 특히 중대석은 8각에서 원형으로 변하였으며 안상도 이형적(異形的)이다.

탑신부에서는 우선 탑신 괴임대석이 없어졌음이 현저한 변화이며 탑신에도 문비형과 사천왕상이 배치되지 않았다. 옥개석은 윗면이 기왓골이 없는 평면의 낙수면이고 아랫면에도 연목형이 모각되지 않았다. 그리하여 이와 같이 변형된 각부의 양식은 건립 연대가 확실하지 않은 다른 신라시대 석조 부도의 각부와의 비교 고찰에서 그의 건조 연대를 추정하게 하는 하나의 기준이 되는 것이다.

그러나 이와 같이 10세기에 들면서 각부에 변화를 가지고 왔다 하더라도 신라 전형인 8각 원당형의 기본 양식만은 지키고 있어 이후 고려와 조선시대에 이르기까지 그 기본형을 계승하여 많은 유례를 보이고 있으니 8각 원당형은 실로 우리나라 석조 부도 양식의 큰 주류를 이루고 있다.

그런데 이렇듯 8각 원당의 중적 형식이 있는 것말고 또 하나의 양식이 있으니 그것을 통틀어 석종형(石鐘形) 부도라고 한다.

'석종형'이라 함은 부도의 겉모양이 종 모습과 비슷한 데서 생긴 이름이다. 이러한 석종형 부도는 주로 고려 말기 이후 조선 왕조 전시대를 통하여 가장 많이 세워진 것으로 알려져 있으나 실제는 신라 하대와 고려 초반기에도 건조된 실례가 남아 있으므로 그 시원은 통일신라 하대인 9세기로 보아야 할 것이다. 그 일례로 태화사지 12지상부도(太和寺址十二支像浮屠, 보물 441호, 경상남도 울산시 학성동)를 들 수 있다.

이 부도는 1962년 울산시 태화리에서 발견되었는데 이 일대는 신라 선덕여왕대(632~646년)에 자장율사가 창건하였다고 전하는 태화사지로서 동리 이름도 태화사라는 절 이름에서 유래되었다.

이 부도의 구성은 장방형 대석과 그 중앙에 안치된 종형 탑신부의 각 1석으로서 아주 간단하다. 현재 대석 후면 일부가 파손되었으나 그 조각들은 찾을 수가 없다.

모든 부재가 화강암으로 조성되었으며 각면의 치석은 부드러운 편이다. 대석은 전면에 3구씩 안상을 음각하고 좌우 측면에는 2구씩의 안상이 있으며 뒷면에는 안상이 없다.

탑신은 전체의 높이가 110센티미터, 지름이 90센티미터로서 맨 아랫단에 이르러 약간 좁아졌을 뿐 거의 수직의 탑신부를 이루었으며 중간 이하의 표면에 12지상을 조각하였다. 그리고 중간부 이상은 차차 완만한 곡선을 지으면서 반구형을 이루고 정상에는 작은 돌기를 남기고 있는데 이러한 형태는 마치 보주형 광배의 상부 곡선과도 같다. 그리고 탑신 남쪽의 중앙 상부에 감실이 개설되어 높이 29센티미터, 너비 28센티미터, 깊이 27센티미터 크기로 거의 방형에 가깝게 만들어졌는데 그 위쪽은 곡면을 이루었고 내면이 다소 안으로 경사졌으며 감실 입구의 외주에 한 줄의 홈을 파 놓았으니 이것은 배수를 위한 배려라 하겠다.

이것을 12지상부도라 부르는 것은 바로 12지생초(十二支生肖)

**태화사지 12지상부도**　이 부도의 구성은 장방형 대석과 그 중앙에 안치된 종형 탑신부의 각 1석으로써 간단하다. 탑신은 전체 높이가 110센티미터, 지름이 90센티미터이며 맨 아랫단에 이르러 약간 좁아졌을 뿐 거의 수직의 탑신부를 이루었으며 중간 이하에 12지상을 조각하였다.

**태화사지 12지상부도의 12지** 상은 모두 입상으로 남북 선상을 따라 말을 남쪽 감실 밑에 조각하고 쥐를 북쪽에 배치하여 두 상 사이 양쪽에 각 5쌍씩을 거의 같은 간격으로 조각하였다.

를 표면에 돌려 조각하였기 때문인데 12지상은 모두 입상이다. 남북 선상을 따라 오상(午像)을 남쪽 감실 밑에 조각하고 자상(子像)을 북쪽에 배치하여 두 상 사이 양쪽에 각 5쌍씩을 거의 같은 간격으로 조각하였다.

이와 같은 석종형 부도의 원류는 물론 인도의 스투파(복발형 탑파)에 있는 것이며 이같은 복발형 탑파에 관한 지견이 우리나라에 들어온 시기는 매우 오래 된 것으로 생각되었는데 불교가 들어오고 구법승들의 해외 왕래로부터 비롯되었다고 할 수 있다.

이 부도의 조성 연대는 각부 자체의 조성 양식과 조각 수법에서 신라 하대인 9세기 말로 추정할 수 있겠다. 한편 이 부도가 발견된 곳이 신라 국도(國都)의 관문인 울산이라는 점에서 특히 주목된다.

# 고려시대

## 초기의 석조 부도

고려시대 역시 불교가 국가적 종교, 왕실 불교로서 번영하였음은
물론이다. 전대로부터 이어지는 호국 불교의 성격은 국초부터 많은
국가적 사원의 건립을 보게 하였으니 10대 사찰의 건립이나 도성
안에 70곳의 불사(佛寺)가 있었다는 「송사(宋史)」 '고려전'의 기록
은 불교국을 연상시키며 곧 고려의 불사 건립의 정도를 알리는 것이
라 하겠다.

따라서 불교적인 모든 조영이 거의 고려시대를 통하여 국가적으
로 또는 개인적으로 활발하게 진행되었을 것이며 이러한 불교적
조영의 성황 속에서 불교를 이끄는 승려들의 부도 건립 또한 게을리
하지 않았을 것이다. 더욱이 고승 대덕(高僧大德)을 왕사(王師),
국사(國師)로 모시어 그들의 지위가 가장 높았으며 국정을 자문하기
에까지 이르렀으므로 그들의 묘탑인 부도를 건조함에 있어 각별한
배려가 있었을 것으로 짐작된다.

태조 왕건은 고려를 건국하고 신라와 후백제를 공략 병합하여

50여 년 동안 분절되었던 민족을 재통일하였다. 이후 왕권의 확립을 위하여 모든 통치 체제를 재편성하게 되나 이와 같은 제도의 개혁은 단시일에 성취된 것은 아니다. 제4대 광종을 거쳐 왕권의 안정을 기하고 제6대 성종 때에 이르러 모든 문물 제도가 정비되며 대체로 이때에 들어서야 국가의 모든 체제가 확립, 정비된다.

이같이 고려의 기틀이 마련된 성종대까지를 고려의 초기로 보아 이때의 석조 부드는 전대의 것을 어떠한 형태로 계승하고 소화하여 나타내는가 그리고 다음 시대에는 어떻게 그 양식이 이어지는가를 살펴볼 수 있다.

고려 초기에 건조된 것으로 추정되는 부도는 많이 남아 있는 편이다. 국보 또는 보물로 지정된 것만도 수십 기를 헤아릴 수 있다. 그러나 이 가운데서 건조 연대가 뚜렷하여 절대 연대를 가지고 있는 것은 다음의 7기를 대표로 들 수 있다.

🔹 흥법사 진공대사탑(興法寺眞空大師塔) 보물 365호, 현재 국립 중앙박물관 마당에 옮겨 세움, 태조 23년(940).

🔹 보현사 낭원대사오진탑(普賢寺朗圓大師悟眞塔) 보물 192호, 강원도 명주군 성산면 보광리, 태조 23년(940).

🔹 대안사 광자대사탑(大安寺廣慈大師塔) 보물 274호, 전라남도 곡성군 죽곡면 원달리, 광종 원년(950).

🔹 봉암사 정진대사원오탑(鳳巖寺静眞大師圓悟塔) 보물 171호, 경상북도 문경군 가은면 원북리, 광종 16년(965).

🔹 고달사 원종대사혜진탑(高達寺元宗大師慧眞塔) 보물 7호, 경기도 여주군 북내면 상교리, 경종 2년(977).

🔹 보원사 법인국사보승탑(普願寺法印國師寶乘塔) 보물 105호, 충청남도 서산군 운산면 용현리, 경종 3년(978).

🔹 보리사 대경대사현기탑(菩提寺大鏡大師玄機塔) 보물 351호, 현재 서울 이화여자대학교 박물관에 옮겨 세움, 태조 22년(939).

### 흥법사 진공대사탑

이 부도는 기단부부터 옥개석까지 전체의 평면이 8각인데 지대석만은 방형이다. 기단부는 상하 연화대석이며 하대석 측면에 안상이 조각되었다. 그러나 중대석은 전면에 운룡문(雲龍紋)이 가득히 조각되어 고려시대 부도에서는 처음 보는 특징적인 면을 나타내고 있는데 이것은 선대작에서 본받은 것 같다.

흥법사 진공대사탑

홍법사 진공대사탑
옥개석의 귀꽃

홍법사 진공대사탑
기단부

　탑신에는 문호형(門戶形)을 모각하고 각면에는 양 우주 대신 장식
적이고도 이형적인 안상문을 조식하였다. 옥개석은 아랫면이나 낙수
면이 모두 목조 건물의 옥개부를 모방하고 있는 것으로서 연목(椽
木)이 조출되고 기왓골이 나타나고 있으며 암막새, 수막새 등의
막새기와까지 모각하였다. 상륜부는 부재가 보개뿐이나 추녀의 곡선
이나 전각의 반전, 낙수면의 경사 등이 옥개석을 그대로 옮긴 것같
이 보인다.

## 보현사 낭원대사오진탑

지대석부터 기단부, 상륜, 보개석에 이르기까지 모든 부재의 평면이 8각으로 조성되어 있다. 기단부는 상하 연화대석이며 하대석에는 측면부에 안상이 조식되어 있다.

탑신석은 각면에 양 우주뿐이며 문호형을 모각한 1면이 있고 옥개석은 목조 건축의 모방이 없으며 석탑형의 낙수면과 추녀, 전각부 등을 이루고 있다. 그러나 각 모서리 전각 위의 우동에 귀꽃이 조각되는 등 부도 옥개석의 특징을 지니고 있다. 상륜의 보개석에 귀꽃이 남아 있는 것으로써 모두 파손되어 하나도 남아 있지 않은 옥개석 전각의 귀꽃을 짐작케 한다.

**보현사 낭원대사오진탑 기단부** 기단부는 상하 연화대석이며 하대석에는 측면부에 안상이 조식되어 있다.

**보현사 낭원대사오진탑**  이 부도는 지대석부터 기단부, 상륜, 보개석에 이르기까지
모든 부재의 평면이 8각으로 조성되어 있다. 위는 흩어졌던 탑재를 바로 세우면서
하대석 가운데 1매가 탑신부 위에 잘못 얹혀진 상태이다.

## 대안사 광자대사탑

지대석부터 기단부, 탑신, 옥개석, 상륜부 할 것 없이 모든 부재가 8각의 평면으로 형성되어 있다. 기단부에 있어서 상, 하대석이 연화대이나 상대의 앙련이 더욱 화사하여 판 안에 화문이 조식되었다.

중대석이 유난히 낮고 작으나 각 측면에 안상이 장식되어 상, 하대와 어울리고 있다.

탑신부에는 높직한 괴임단이 탑신을 받치고 있어 특징적이다. 탑신에서 문호형이 모각된 앞뒷면을 제외한 나머지 6면에 향로와 사천왕 입상 등을 조각하였음은 화려한 의장의 표현이라 하겠다.

옥개석은 하면이나 낙수면에 연목과 기왓골을 조각하고 특히 암막새, 수막새 등 막새기와까지 모각하여 그야말로 목조 건축의 그대로를 모방하고 있으니 화려한 기단 및 탑신부와 잘 어울린다고 하겠다.

상륜부에 있어서 노반, 앙화, 복발, 보륜, 보개, 보주 등 부재가 완전히 남아 있어 부도의 상륜 연구에 귀중한 자료가 될 것이다. 이 상륜 부재들도 연화문과 화문 등이 조식되어 아래층의 각 부재와 조화를 이루고 있다.

## 봉암사 정진대사원오탑

지대석부터 기단부의 상, 중, 하대, 탑신, 옥개, 상륜부 할 것 없이 모든 부재가 8각의 평면을 이루고 있다.

기단부에 있어서 하대석 아랫단 측면에는 안상이 정연하나 상단은 연화문 대신 운룡문을 가득히 조각하였으며 용두(龍頭)의 조식이 사실적이며 운상계를 표현한 의장 또한 주의를 끈다고 하겠다. 그리고 중대석의 사리합 조각도 흥미롭다.

탑신부에 있어서는 1면에만 문호형이 모각되고 각면은 양 우주만 표현되어 있는 단조로운 형태로 탑신을 받고 있는 상하 2단의 높직

**봉암사 정진대사원오탑**  이 부도는 지대석부터 기단부의 상대, 중대, 하대, 탑신, 옥
개, 상륜부 등 모든 부재가 8각의 평면을 이루고 있다.

한 괴임대가 장중하여 특징적인 면을 보이고 있다.

옥개석은 하면에 각형의 연목형이 모각되어 목조 건축의 일면을 보이고 있으나 낙수면은 8면의 합각 머리마다 굵직한 우동형만을 표시하여 하면의 연목부와는 대조적이다.

상륜은 앙화가 입상형 앙련으로 둘러져서 빈약한 상륜부를 어느 정도 살리고 있다.

### 고달사 원종대사혜진탑

이 부도는 8각 원당의 기본형을 지키고 있어 기단부 상대 부분부터 탑신, 옥개석, 상륜이 모두 8각의 평면을 이루고 있다. 그러나 지대석은 방형이다.

기단부에 있어서 하대석이 방형인 것은 주목할 만하며 특히 중대석이 운룡문으로 가득한 것이 주의를 끄는데 더욱이 특이한 것은 중앙에 귀부형을 놓고 그 좌우로 용을 배치한 것이다.

중대석을 운룡문으로 장식한 예는 흥법사 진공대사탑 기단 중대석에서 보았듯이 귀부적인 조형은 나타나지 않고 있다. 그러나 중대석 8각의 갑석형과 상대 앙련석의 8각 평면 등은 전체적으로 부도의 전형인 8각 원당의 기본형을 지키기에 노력한 의장이 아주 뚜렷하다.

탑신에 문호형을 모각하되 4면 모두 조각되어 있는 것이 특이하다. 사천왕 입상이 나머지 4면에 배치된 것은 각각 그 좌우의 문호를 지키기 위한 배려였을 것이다.

옥개석은 연목이나 기왓골 등의 표시가 없으므로 목조 건축을 모방한 것은 아니다. 그러나 8모서리 전각의 반전이 강한 데에 큼직한 귀꽃문이 장식되어서 웅장한 옥개를 이루고 있다. 상륜은 보개석이 옥개를 그대로 옮긴 것처럼 8모서리 전각의 귀꽃도 같은 형태로 되어 있다.

**고달사 원종대사혜진탑**  이 부도는 8각 원당의 기본형을 지키고 있어 기단부 상대
부분부터 탑신, 옥개석, 상륜이 모두 8각의 평면을 이루고 있다. 그러나 지대석은
방형이다.

### 보원사 법인국사보승탑

　지대석부터 기단부의 상, 중, 하대석 할 것 없이 탑신, 옥개석, 상륜부까지 모든 부재가 8각의 평면을 이루어 전형적인 8각 원당형을 보이고 있다.

　기단부에 있어서 하단 측면의 안상 안에 사자를 1좌씩 배치하였음은 선대 이래의 양식을 본받고 있음을 알 수 있다. 그러나 상단이 연화대석이 아니고 운룡문으로 이루어진 것은 주목된다. 중대석 또한 아무 조식이 없는 것이 특이한데 혹시 후보물이 아닌가 하는 생각마저 든다. 상대석이 앙련대인 것은 다른 부도들과 같은데 그 위에 높직한 괴임단을 마련하고 난간 등의 장식까지 조각하여 탑신을 받고 있음은 특이하다.

보원사 법인국사보승탑 기단부

보원사 법인국사보승탑 탑
신부

　탑신석에는 앞뒤 양면의 문호형말고 사천왕 입상과 2구의 인물상
을 배치하여 전면에 가득히 조각하였는데 이것은 아무런 조식이
없는 기단 중대석과 대조적이다.

　옥개석은 목조 건축을 모방하지 않고 중후할 것 같으나 8모서리
전각의 귀꽃과 정면(頂面)의 복련문 그리고 추녀부의 평박으로 둔중
감은 없다.

　상륜부는 돋발이나 보륜 등에 장식이 있어서 무늬가 없는 옥가
낙수면과 오히려 조화되고 있다.

**보원사 법인국사보승탑** (위)
**보리사 대경대사현기탑**  현재 이화여대에 옮겨져 있는 이 부도는 장식적인 의장이
돋보이는 전형적인 8각 원당형 부도이다. (옆면)

## 보리사 대경대사현기탑

　지대석은 결실되었으나 기단부 괴임대부터 상, 중, 하대의 각 부재들, 탑신과 옥개석 등 부재가 8각의 평면을 이루고 있어 전형적인 8각 원당형 부도임을 알 수 있다.

**보리사 대경대사현기탑 기단부**  지대석은 결실되었으나 기단부 괴임대부터 상, 중, 하대의 각 부재들이 8각의 평면을 이루고 있다.

　　기단부에서 괴임단의 표현이 강하고 특히 상대석이 광대하여 넓적한 기단부 괴임대와 잘 어울리고 있다.

　　탑신석은 앞뒷면에 문호형을 모각하고 이 밖의 6면에는 신장상을 조각하여 장중한 탑신을 이루고 있는데 이것은 화사한 탑신 괴임대와도 잘 조화된다.

　　옥개석에 있어서는 부연이 달린 연목형과 기왓골의 표현 등 목조건축의 세부를 충실히 모방하고 있다. 특히 하면의 받침부에는 비천

**보리사 대경대사현기탑 탑신부**  탑신석은 앞뒷면에 문호형을 모각하고 이 밖의 6면에
는 신장상을 조각하여 장중한 탑신을 이루고 있는데 이것은 화사한 탑신 괴임대와도
잘 조화된다.


상을 교대로 배치하여 천상계를 나타내고 있는데 앞에서 살펴본
여러 부도에서는 이러한 유례가 없어 매우 주목할 만하다. 선대인
신라시대 부도에서는 탑신이나 옥개 하면부에 비천상을 배치한
예가 흔히 있었다. 이러한 점으로 보아 이 부도가 신라 말기의 양식
수법을 잘 답습한 아주 초기적인 부도의 자리를 굳힌다고 하겠다.
　우동의 표현이 강한 것도 특이한 점이다. 보주가 연봉형이 아니고
화염문에 싸여 있는데 여기서도 장식적인 의장을 엿볼 수 있다.

# 특수형 석조 부도

고려시대에 있어서 초기인 10세기를 지나 11세기 이후가 되면 신라시대에 정립되어 그대로 계승된 8각 원당형의 형식을 떠나 전혀 특이한 양식을 보이는 부도탑이 건조되었으니 필자는 이를 일반형에서 벗어난 형태라 하여 '특수형 부도탑'이라 부르고 있다.

이러한 형식의 탑은 다음의 3기를 대표로 들 수 있다.

🔹 정토사 홍법국사실상탑(淨土寺弘法國師實像塔) 국보 102호, 현재 서울 경복궁 안에 옮겨 세움, 현종 8년(1017).

🔹 법천사 지광국사현묘탑(法泉寺智光國師玄妙塔) 국보 101호, 현재 국립중앙박물관 마당에 옮겨 세움, 선종 2년(1085).

🔹 영전사 보제존자사리탑(令傳寺普濟尊者舍利塔) 보물 358호, 현재 국립중앙박물관 마당에 옮겨 세움, 우왕 14년(1388).

## 정토사 홍법국사실상탑

기단부에서 하대나 중대석이 8각의 평면을 이루고 상대도 결국은 평면이 8각이나 탑신석을 받는 상면은 평평할 뿐 별다른 시설이 없이 원구형(圓球形)의 탑신을 받고 있다.

탑신부에 있어서 원구형을 이룬 것은 이 부도탑에서 가장 특이한 부분이며 기발한 착상이다. 이러한 형태의 탑신석은 유일하다 하겠는데 그 표면을 2조의 선문과 화판으로 간결하게 장식하여 원구의 각 곡선과 조화되도록 조각한 기술이 탁월하다고 하겠다. 구형(球形)이기 때문에 안정성이 없다고 할지 모르나 높이보다는 폭을 넓게 잡아 안정감을 유지하고 있으며 기단부 윗면에는 별다른 시설이 없으나 탑신석 아랫면에는 상면과 대칭으로 앙련과 일단의 평평한 받침대로서 평행을 유지하도록 하고 있다.

옥개석에 있어서는 일반형 부도가 아랫면의 구성이 모두 평평하

**정토사 홍법국사실상탑**　이 부도는 기단부에서 하대나 중대석이 8각의 평면을 이루고 상대도 결국은 평면이 8각이나 탑신석을 받는 상면은 평평할 뿐 별다른 시설이 없이 원구형의 탑신을 받고 있다.

였으나 이 부도는 우묵하게 곡선을 그리며 깊숙하게 파여서 마치 삿갓 모양을 이루고 있는데 이것은 탑신석이 원구형이어서 원형의 곡선과 조화되게 하기 위한 의도가 아니었던가 한다.

### 법천사 지광국사현묘탑

기단부부터 전체의 평면이 8각 원당형이라는 일반형 부도의 기본형에서 벗어나 평면 방형을 기본으로 하는 특이한 양식을 보이고 있다. 이러한 평면 방형의 부도탑은 선대에서는 전혀 찾아볼 수 없었다.

기단부 구성에 있어서 방형의 상하층 기단 형성은 일반형 석탑과 같으나 하층 기단에서의 3단 괴임대는 이 부도탑에서 처음 보는 예이다. 탑신석 하나를 안치하기 위하여 이토록 장엄한 기단을 이룬 점은 특이하다.

전면에 조각한 내용이 보탑, 보연, 문비형, 연화문처럼 불교적이며 선례에서도 볼 수 있었던 장식도 있으나 도교적인 운상계의 신선이라든가 장막문처럼 처음 보는 각종 문양이 다양하여 주목된다.

탑신석 좌우면에 영창을 개설하고 주변에 여러 가지 문양을 조각하였는데 그것이 이른바 서양의 페르샤풍이어서 주의를 끈다는 것이다.

## 영전사 보제존자사리탑

이 사리탑은 본래 2기로서 원위치에서 옮겨질 때 사리 장엄구가 발견, 조사되었고 그 가운데 주탑(主塔)에서 납석제 지석이 나왔는데 이 명문에 의하여 다음의 몇 가지 사실을 알 수 있었다.

첫째, 이 사리탑의 주인공은 고려 말의 왕사 보제존자 나옹화상(懶翁和尙)이다.

둘째, 당초부터 2기의 사리탑을 건조하여 각기 1매씩의 사리를 봉안하고 주탑과 동탑이라 불렀다.

셋째, 이러한 불사가 강원도 원주 목사 강은(姜隱) 재임 때에 이루어졌으므로 그때가 '홍무(洪武) 21년 무진(戊辰)' 곧 고려 우왕 14년(1388)이어서 이 두 사리탑 건립의 절대 연대를 알 수 있다.

넷째, 보제존자는 경기도 여주군 북내면 천송리의 신륵사에서 우왕 2년(1376)에 입적하였으며 바로 이 신륵사에서 다비하여 우왕 5년(1379)에 부도탑을 건조하였는데 현재 신륵사 뒷산 중턱에 '신륵사 보제존자 석종'으로서 보물 228호로 지정 보존되고 있다. 그러므로 영전사의 보제존자사리탑은 신륵사에서 분사리한 2매의 사리를 인도해서 1매씩 봉안하여 12년 뒤인 1388년에 건조하였음을 알 수 있다.

이 부도탑은 부도라고 하기보다는 일반형 석탑과 같이 2층 기단 위에 3층의 탑신을 건립하고 정상부에 상륜을 장식한 형식이어서 불탑이 아닌가 착각할 정도이다. 우리나라 석조 부도의 전형이 8각 원당형의 평면을 보이고 있는 데 대하여 이 부도탑은 평면이 4각형을 이루고 있어 전형에서 벗어난 것이다.

**법천사 지광국사현묘탑**　기단부부터 전체의 평면이 8각 원당형이라는 일반형 부도의
기본형에서 벗어나 평면 방형을 기본으로 하는 특이한 양식의 부도이다.

법천사 지광국사현묘탑(부분)
위는 상륜부, 왼쪽은 탑신부의
문비형, 아래는 상층 기단부이
다. 이 부도 전체는 자유로운
의장으로 조형되었을 뿐 아니라
조식이 풍부하고 정교하다.
반면에 웅건한 기품이 없고
기교에 치우친 점이 눈에 띄지
만 고려시대의 부도로서 다른
어느 것에도 티할 수 없을 만큼
우수한 작품임에 틀림없다.

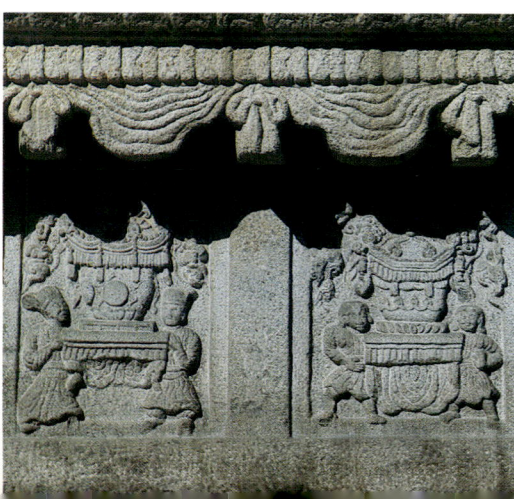

# 후기의 석조 부도

고려 사회는 12세기 후반부터 일어난 무인(武人) 정권이 13세기에 들면서 강해지고 더구나 23대 고종 연간에는 28년 동안(고종 18~46년, 1231~1259) 6차에 걸쳐 몽고가 침략하여 어려운 지경에 이르렀었다. 물론 고려의 무인 정권은 이에 대하여 군센 항전을 벌였다. 그러나 이 전쟁으로 인명과 문화재 등 막대한 피해를 입은 것은 두말할 것도 없으니 이러한 13세기의 사회적 불안 그리고 14세기 말 고려 왕조의 쇠퇴기까지 약 2세기 동안을 고려 후기라고 할 때 이 시기의 문화적 소산은 어떠한 것이었을까 하는 것이 큰 의문이다. 따라서 이러한 상황에서 석조 부도의 조형 문제가 과제이기 때문에 과연 이러한 격동기와 말기 사회에서의 부도 건조는 어떠하였는가 하는 것을 살펴보고자 한다.

이 시대에 건조된 석조 부도로 절대 연대를 가지고 있는 대표적인 4기를 들면 다음과 같다.

   보경사 원진국사 부도(寶鏡寺圓眞國師浮屠) 보물 252호, 경상북도 영일군 송라면 중산리, 고종 11년(1224).

   인각사 보각국사탑(麟角寺普覺國師塔) 보물 428호, 경상북도 군위군 고로면 화북동, 충렬왕 21년(1295).

   신륵사 보제존자 석종(神勒寺普濟尊者石鐘) 보물 228호, 경기도 여주군 북내면 천송리, 우왕 5년(1379).

   태고사 원증국사탑(太古寺圓證國師塔) 경기도 고양군 신도읍 북한리, 우왕 11년(1385).

## 보경사 원진국사 부도

기단부 하대가 3단으로 이루어졌으나 상단에만 연판이 조각되고 하부 2단에는 아무런 조식이 없는 간략화된 하대석이며 이 윗부재

**보경사 원진국사 부도**   이 부도는 탑신이 유난히 길어 안정감이 없어 보이며 자물통을
조각함에 있어서 문비의 모각이 없다. 또한 각면에도 세장한 양ㆍ우주뿐이며 아무런
조각이 없다.

보경사 원진국사 부도
옥개석과 상륜부  옥
개석에서는 기왓골이
나 연목 등 아무런
표식이 없고 추녀의
반곡과 전각의 반전이
심하여 중후한 느낌을
준다. 상륜 부재는
완전하며 화려한 조식
을 보인다.

인 중대석에도 조각이 없고 상대에만 앙련을 두르고 있다.

탑신이 유난히 길어 안정감이 없어 보이며 자물통을 조각함에
있어서 문비의 모각이 없다. 그리고 각면에도 세장한 양 우주뿐이며
아무런 조각이 없다.

옥개석에서도 기왓골이나 연목 등 아무런 표식이 없고 추녀의
반곡과 전각의 반전이 심하여 중후한 느낌을 주고 있다.

상륜 부재는 완전하며 이 부도에서는 가장 화려한 조식들을 보이
고 있다. 널찍하게 방형의 탑구를 마련하고 부도를 세웠는데 역시
국사로 추증된 고승이어서 높은 산중턱에 탑기를 마련하고 석단을
구성한 것 같다.

### 인각사 보각국사탑

널찍한 지대석 위에 기단부를 형성하였는데 선조(線彫)이기는 하나 상하대에 앙련과 복련을 조식하고 특히 중대석에는 각면에 동물상을 조각하여 전체적으로 장식적인 기단을 형성하고 있다.

**인각사 보각국사탑**  이 부도의 탑신석에서 특히 주목되는 것은 정면에 "보각국사 정조지탑(普覺國師靜燥之塔)"이라는 2줄의 명문이 있어 이 부도탑이 「삼국유사」를 지은 일연선사의 부도임을 알 수 있다.

탑신부에 있어서도 문비형과 사천왕상, 보살상 등을 조각하여 기단부와 함께 장식적인 의장을 잘 보이고 있다. 탑신석에서 특히 주목되는 것은 정면에 "보각국사 정조지탑(普覺國師靜照之塔)"이라는 2줄의 명문이 있어 부도탑의 주인공을 곧 알 수 있다. 필자가 1956년도에 이 부도탑을 찾아 일연(一然)선사의 부도탑임을 곧 알 수 있었던 것도 이 명문이 있었기 때문이었다. 이렇듯 탑신에 주인공을 표시하는 경우도 있으나 대개는 기명이 없으므로 탑명을 부를 때 그저 부도라고만 한다. 각명(刻名)에서 "보각" "정조"라고 한 것은 곧 탑비의 내용과 일치되고 있다.

옥개석은 기왓골이나 연목 등이 없이 중후하나 8모서리 전각에 귀꽃문이 있어 다소 장식적임을 느끼게 한다. 상륜부는 그리 화려하지 않으나 보개와 앙련대가 있고 화염에 싸인 보주가 있어 간략한 가운데서도 약간의 장식을 보이고 있다.

### 신륵사 보제존자 석종

신라 이래 전형 양식으로 계승된 8각 원당의 일반형과는 달리 석종형을 이루고 있다. 물론 석종형 부도는 통일신라시대의 태화사지 12지상 부도와 고려 초기의 금산사 석종이 있으나 8각 원당형에 비하면 극히 적다.

이곳 보제존자 석종과 같이 높고 널찍한 건축 기단을 축조하고 그 중심부에 석종형 탑신을 세운 선례는 금산사 석종이라 하겠는데 이 선례와 비교해 보면 기단과 그 주변의 장엄을 비롯하여 탑신부에 이르기까지 비교가 되지 않을 정도로 너무나 간략화되고 있다. 역시 고려 후기 불안한 사회의 시대적인 소산물임을 실감하게 한다.

**신륵사 보제존자 석종과 금산사 석종** 보제존자 석종과 같이 높고 널찍한 건축 기단을 축조하고 그 중심부에 석종형 탑신을 세운 선례는 금산사 석종이다. 옆면 위는 신륵사 보제존자 석종이고 아래는 금산사 석종이다.(옆면)

### 태고사 원증국사탑

이 시기의 다른 부도탑에서는 쉽게 볼 수 없는 부도전(浮屠殿)이 널찍하게 마련되어 있다. 마치 지대와 같이 장대석으로 탑구를 시설한 것도 주의를 끈다. 기단부에 있어서 하대석부터 방형, 8각형, 원형 등의 부재로 이루어져 종래의 8각 원당형 또는 방형 등 기단의 통일된 형태에 비하여 통일성이 없어 보인다. 탑신은 역시 석종형을 연상케 하는 간결한 형태이다. 옥개석에 있어서 다소 장식적인 면을 보이고 있으나 중후함을 느끼게 한다.

태고사 원증국사탑비

태고사 원증국사탑비
귀부의 머리 부분

# 조선시대

　조선은 국초부터 억불숭유(抑佛崇儒)의 정책이었음을 창업 당시 태조의 국시에서 곧 알 수 있다. 더욱이 태종(1401~1418년)은 불교에 가혹한 탄압을 가하여 전국에 242개소의 사찰만을 남기고 이 밖의 사찰은 모두 폐사하였으며 동시에 이들 사원에 소속된 토지와 노비를 몰수하였는데 이후 성종(1470~1494년) 때 이르러 더욱 강력한 억불책을 써서 태조가 실시하였던 도첩제(度牒制)까지 전폐하여 출가 입산을 일체 금하였다. 중종(1506~1544년)은 승과(僧科)를 폐지함으로써 불교와 국가 사이의 관계를 끊어 놓았으니 이것은 불교계에 매우 큰 타격을 주었다.

　그러나 이러한 억제와 탄압중에도 세종(1419~1449년)과 세조 대(1455~1468년)에는 불교가 상당한 활기를 띠어 사찰이 다시 일어나고 승려도 많이 늘어나게 되었다. 이것은 두 임금의 개인적인 신앙의 결과로 세종은 궁 안에 내불당을 두었고, 세조는 원각사를 지었으며 한편 간경도감(刊經都監)을 두어 여러 가지 불경을 언해 (諺解)로 간행하였다.

　이러한 앞뒤 관계에서 태조가 비록 국가적으로 배불의 정책을 내세웠다 하더라도 그가 잠저시(潛邸時) 무학대사와의 관계를 잊을 수 없으며 특히 명종(1546~1567년) 때에 이르러는 문정왕후가 섭정을 하면서 명승 보우(普雨)를 중용하여 불교계는 활기를 띠게 되었는데 당시 봉은사를 선종의 본산으로 삼고 봉선사는 교종의 본산으로 삼아 선종과 교종의 양종을 두었으며 왕 7년(1552)에 승과를 부활시켰던 것이니 이러한 모든 관계와 사실을 잊어서는 안 된다.

조선시대에 있어서의 불교 미술은 이렇듯 국초 이래 여러 왕의 정책과 그 당시의 사회적인 문제를 고려하지 않을 수 없다. 전대인 고려나 신라시대와 같은 불교국과 달라서 역대 왕들의 호불(好佛)과 밀접한 관계를 보이고 있는 것이니 태조 때 석왕사(釋王寺)를 이룩하였던 일과 세조가 원각사를 창건하고 명종 때에 이르러 봉은사와 봉선사를 크게 중창하였던 사실은 이러한 면을 잘 보여 주고 있는 것이다.

이같은 배경과 여러 가지 상황에서 조선시대의 불교적인 조형 미술은 위축되었으니 석조 부도에 있어서도 이러한 현상을 생각하지 않을 수 없다. 그리하여 국초에 있어서는 그 전대인 여러 가지 양식 수법의 전승기로 볼 수 있으며 창의적인 조형은 기대할 수 없고 다만 고려시대의 양식과 수법을 이어받아 조형 활동의 명맥을 유지하였던 것이다.

조선시대는 임진왜란을 중심으로 정치적으로나 문화적으로 특히 미술사에 있어서 전후기로 크게 나누고 있는데 그것은 전혀 무리가 아니다. 따라서 전기의 석조 부도, 후기의 석조 부도로 나누어 각 유물의 특징을 살펴보고자 한다. 특히 조선시대 부도는 임진왜란 이전의 고려적인 요소가 남아 있는 때의 것과 임진왜란 이후의 것과 조각이나 양식에 현저한 차가 있는 점에 주의해야 한다.

# 전기의 석조 부도

이 시대의 석조 부도로서 건조 연대가 확실하고 주인공을 알 수 있는 것은 다음의 5기를 대표로 들 수 있다.

🔹 청룡사 보각국사정혜원융탑(靑龍寺普覺國師定慧圓融塔) 국보 197호, 충청북도 중원군 소태면 오량리, 태조 2년(1393).

🔹 용문사 정지국사 부도(龍門寺正智國師浮屠) 보물 531호, 경기도 양평군 용문면 신점리, 태조 7년(1398).

🔹 회암사지 부도(檜巖寺址浮屠) 보물 388호, 경기도 양주군 회천면 회암리, 태종 7년(1407).

🔹 복천사 수암화상탑(福泉寺秀庵和尙塔) 충청북도 보은군 속리면 사내리, 성종 11년(1480).

🔹 복천사 학조등곡화상탑(福泉寺學祖灯谷和尙塔) 충청북도 보은군 속리면 사내리, 중종 9년(1514).

그리하여 이들의 각부 구조에서 특징적인 양식을 살펴보면 대략 다음과 같다.

청룡사 보각국사정혜원융탑은 8각 원당형으로서 비교적 높은 8각 지대석 상면에 8각 하대석이 꼭 들어맞게 파고 놓았다. 이 부도에서의 특징은 탑신부인데 약간의 배흘림이 표현되었으며 각면의 장방형 안상 안에는 무기를 든 신장상이 1구씩 양각되어 있다. 8각 탑신의 각 우주는 양각이 강한 원주형으로 목조 건축물에서 보듯이 배흘림이 현저한데 여기에 반룡(蟠龍)을 조각하였다. 그리고 각 모서리의 기둥 뒤에는 창방과 같이 목조 가구의 각부가 표현되었다. 옥개석 처다에는 탑신의 원형 우주 위의 창방 머리와 접촉되는 부분이 보머리형을 이루고 있으며 추녀와 사래도 양각하였다. 기왓골은 없으나 합각마루에 용두를 놓아 당시 목조 가구를 잘 구현하고 있음을 볼 수 있다.

**청룡사 보각국사정혜원융탑**　이 부도의 특징은 탑신부인데 약간의 배흘림이 표현되었
으며 각면의 장방형 안상 안에는 무기를 든 신장상이 1구씩 양각되어 있다.

청룡사 보각국사정혜원융탑 옥개
석 옥개석에 기왓골은 없으나
합각 마루에 궁두를 놓아 목조
가구를 구현하고 있다.

용문사 정지극사 부도는 지대석과 하대석은 방형이나 상대석과
탑신부가 8각 파임으로 8각 원당형을 따르고 있다. 탑신석은 8각으
로 각면에는 상하단에 갑석형과 굽형이 마련되고 좌우에 우주형이
모각되었다. 문비형은 1면에만 조각하였는데 퇴화된 양식이다. 옥개
석은 아랫면의 탑신 위에 놓여지는 부분에 3단의 받침이 있고 처마
밑은 낮은 부연이 모각되었으며 8모서리마다 각형 서까래를 마련하
였다. 낙수면은 8각 우동이 크게 두드러져 있고 8각의 전각부에
이르러는 귀꽃군을 장식하였는데 선대의 형태와는 달리 퇴화되고
있다.

회암사지 부도는 주위에 난간을 두르고 그 중앙에 건립하였는데
주목되는 부분은 탑신부이다. 탑신석의 형태는 구형(球形)으로 상하
단을 절단하여 각기 옥개와 상대면에 잘 맞도록 되어 있다. 원형
탑신 표면에는 운룡문을 가득히 조각하였는데 둔한 솜씨를 보이고
있다. 옥개석 하면에는 두공의 퇴화된 형식이 모각되고 연목이 뻗어
있다. 낙수면에는 우동이 굵게 내려와서 각 전각에 이르고 있는데
하단부에 있어서는 각기 용두를 조각하였으나 둔한 솜씨이다.

**용문사 정지국사 부도**  이 부도
는 지대석과 하대석은 방형이
나 상대석과 탑신부가 8각
괴임으로 8각 원당형을 따르고
있다.(위, 오른쪽 위, 아래)

**회암사지 부도**  주위에 난간석을 두르고 그 중앙에 건립되었다. 탑신석이 구형으로
표면에 운룡문이 가득히 조각되었다.

복천사 수암화상탑은 평면 8각의 기단부를 형성하고 있으나 표면에 아무런 장식이 없다. 탑신은 구형(球形)으로 상하단을 약간씩 절단하여 각기 옥개석 아랫면과 기단 상대석 윗면에 고정되도록 하였으며 표면에는 아무런 조각도 없다. 옥개석은 8각으로 하면에 조식이 없고 탑신 상단이 고정되는 곳에 둥글게 몰딩을 1단 마련하고 있다.

**복천사 수암화상탑** 평면 8각의 기단부를 형성하고 있는 부도이나 표면에 아무런 장식이 없다.

　복천사 학조등곡화상탑은 8각의 기단부를 형성하고 있으나 상대
석 측면에 1조믄대를 둘렀으며 별다른 조식이 없다. 탑신은 구형
(球形)으로서 상하단을 약간씩 절단하여 다듬었고 각기 옥개석과
기단 상대석에 고정되도록 하였다. 상단보다는 하단부가 더 많이
절단되어 위는 좁고 밑은 넓은데 이것은 다소 안정감은 주나 오히려
둔중한 느낌을 주기도 한다. 옥개석은 아랫면 중앙부의 탑신 위에
놓이는 부분에 월형의 몰딩이 있고 이로부터 8모서리의 전각에까지
는 합각이 표시되었을 뿐이다. 역시 모든 부분에서 간략화된 것을
볼 수 있다.

# 후기의 석조 부도

전기에 세워진 석조 부도들이 초기에는 고려시대 부도의 양식과 수법을 그대로 계승하고 있었으나 초기에서 벗어나 15세기 후반에 이르면서 점차적으로 각부에서 생략화의 경향을 보이고 있음을 앞에서 알 수 있었다. 그러나 임진왜란을 겪은 후기에 이르러는 당시의 상황에 비추어 석조 부도의 형식이 어떠한 변화를 보이게 되었는가 하는 것이 여기서 살펴보고자 하는 내용이다.

대체적으로 8각 원당형 부도의 건립은 쉽지 않으며 1석으로써 쉽게 세울 수 있는 석종형 부도가 많이 세워졌을 것인데 후기에 이르러서도 8각 원당형의 형식을 보이는 부도가 가끔 있으며 석종형 부도라 하여도 탑신 자체에 글씨를 새기지 않고 별도로 탑비를 세운 예가 있어 그 대표적인 예를 들면 다음과 같다.

▒ 연곡사 서부도(鷰谷寺西浮屠) 보물 154호, 전라남도 구례군 토지면 내동리, 효종 원년(1650).

▒ 용연사 석조 계단(龍淵寺石造戒壇) 보물 539호, 경상북도 달성군 옥포면 반송리, 광해군 5년(1613).

▒ 봉인사 사리탑(奉印寺舍利塔) 보물 928호, 현재 국립중앙박물관 마당에 옮겨 세움, 광해군 12년(1620).

그리하여 이들의 각부 양식에서 특징적인 면을 살펴보면 대략 다음과 같다.

연곡사 서부도는 지대석부터 상륜부에 이르기까지 평면이 8각으로 8각 원당형의 기본형을 따르고 있으며 각부에 조각이 가득하여 후기 석조 부도로는 보기 드문 예이다. 탑신석은 1면에 문비형을 모각하고 다른 면에는 양각이 아주 강한 신장상이 1구씩 배치되었다. 그러나 그 조각 수법은 치졸한 느낌을 준다. 옥개석의 추녀 끝은 얇아졌으나 넓은 편이다. 하면은 높직한 받침을 중심으로 연목이

**연곡사 서부도** 지대석부터 상륜부에 이르기까지 평면이 8각이며 각부에 조각이 가득하여 후기 석조 부도로는 보기 드문 예이다.

모각되고 낙수면은 급경사를 이루었다. 합각의 우동이 뚜렷하며 추녀에 이르러 큼직한 귀꽃이 솟아 있다. 상륜부는 완전한 편으로 정상면에는 8엽 앙련으로 된 앙화가 있고 그 위에 편구형 복발이 있는데 횡대 위에 화형이 조각되었으며 그 위에 높직한 조각 장식이 있는 보개와 보주가 차례로 놓여 있다.

　이곳 연곡사에는 신라시대의 동부도(東浮屠, 국보 53호), 고려시대의 북부도(北浮屠, 국보 54호)가 있어 서부도는 이들을 모방하여 조선 후기에 이르러서도 다른 곳에서는 보기 어려운 양식 수법을 보이고 있다. 그러나 이 부도에는 탑신석 1면에 "소요대사지탑 순치6년 경인(逍遙大師之塔 順治六年庚寅)"이란 2행의 음각 명문이 있다. 부도 탑비를 별도로 건립하지 않고 탑신석에 각자하는 예는 조선시대에 이르러 두드러지게 나타나고 있는 현상이다.

**용연사 석조 계단**　승려의 묘탑인 부도와는 다른 계단이다. 그러나 겉으로는 석종형의
탑신을 이루고 있으므로 부도의 개념으로 볼 수도 있을 것이다.

용연사 석조 계단은 석가의 진신사리를 봉안하고 이 계단을 건조하였다고 하는 사적을 적은 '석가여래비'가 있어 건조 연대를 알수 있는데 비문에 의하면 석가의 사리를 봉안하였다고 하니 승려의 묘탑인 부도와는 구별된다. 그러나 겉으로 볼 때는 석종형의 탑신을 이루고 있으므로 부도의 개념으로서도 고찰할 수 있을 것이다. 2층 기단을 구성하고 상층 기단 위에 석종형 탑신을 안치하였으며 하층 기단 밖으로 네 귀퉁이에 각 1구씩 신장상을 배치하였는데 이것은 사천왕상으로 생각된다. 상층의 면석에는 양 우주가 정연하고 1탱주로 양분하여 1구씩 모두 8구의 신중상을 조각 배치하였다. 그러나 각부의 구조와 조각은 둔중한 느낌을 준다.

**봉인사 사리탑**  8각 원당형을 기본으로 삼아 상하 연화대석이 있고 8각 중대가 있어 기단부를 이루었으며 그 위에 운룡문이 조각된 구형의 탑신이 안치되어 있다.

　　봉인사 사리탑은 별도의 석비가 있어 불사리를 봉안하였음을 알 수 있으나 겉으로는 부도의 형식을 보이고 있다. 곧 8각 원당형을 기본으로 삼아 상하 연화대석이 있고 8각 중대가 있어 기단부를 이루었으며 그 위에 구형(球形) 탑신이 안치되었는데 탑신석 표면에는 운룡문이 가득히 조각되어 있다. 이 사리탑은 회암사지 부도(보물 388호)와 비슷한데 이 탑의 원위치가 경기도 양주군으로서 회암사지와 그리 멀지 않는 곳임에 주목해야 한다. 그러나 이 사리탑의 각부 조식은 회암사지의 부도에 비해 역시 둔중해 보인다.

# 맺음말

석조 부도란 결국 승려의 묘탑을 석재로 만든 것으로 영구적으로 보존하기 위하여 착안해 낸 것인데 그 전형 양식의 정립은 신라 하대에 선종(禪宗)이 들어옴에 따라 조사 숭배 사상이 짙어졌을 때 이루어진 것이다. 그리하여 그 시원 양식으로는 진전사지 부도(도의선사 부도)를, 전형 양식으로는 염거화상탑을 들어 8각 원당형임을 알 수 있었다.

9세기 후반에 이르러 각부의 구성과 표면 장식이 가장 아름다운 대표작으로 쌍봉사 철감선사탑을 들었는데 신라 말에 이르러는 다소 간략화된 경향을 봉림사 진경대사탑에서 볼 수 있었다.

고려시대에 이르러서 초기에는 전대의 전형 양식인 8각 원당형을 기본으로 하는 부도가 건조되었으나 10세기를 지나 11, 12세기에 들면서는 전형 양식에서 벗어나 평면이 사각형으로 변하고 탑신석 등 부분적으로는 원구형으로 변하는 특수 양식의 발생을 볼 수 있었다. 그러나 후기에는 전형 양식과 특이형이 혼용된 부도도 건조되었으며 이들은 모두 각부의 구성이나 표면 조각에서 간략화와 둔중함을 느끼게 한다.

조선시대에 이르러는 당시의 배불 숭유라는 상황 속에서도 전대의 여세로 몇 기의 볼 만한 8각 원당형의 석조 부도가 건조되었으며 임진왜란 뒤에도 몇 기의 볼 만한 유품이 있으나 이들은 모두 전대의 모방에서 그쳤고 창의적인 점은 보이지 않으며 간략화와 둔중함이 눈에 띄고 있다.

　　한편 8각 원당형의 전형 양식과 거의 같은 시기에 건조된 석종형부도는 고려시대를 거쳐 조선시대 후기에 이르기까지 그 양식이 전승되었는데 조선시대에 이르러서는 선대에 비하여 훨씬 많은 수효를 볼 수 있다. 이것은 석종형 부도의 건립이 8각 원당형 부도의 건조보다 손쉽기 때문이었을 것으로 생각된다. 그러나 한편 승려들의 묘탑에 대한 존엄성이 시대의 상황에 의하여 점차 부족해진 탓이 아닌가도 생각된다.

# 참고 문헌

정영호, 『신라석조부도연구』, 신흥출판사, 1974.

_____, 「쌍계사 부도에 대하여」, 『고고미술』 2-5, 1961.

_____, 「보화각의 괴산부도」, 『고고미술』 2-5, 1964.

_____, 「괴산 외사리사지 조사 - 화각부도 원위치」, 『고고미술』 8-9, 1967.

_____, 「조선전기 석조부도 양식의 일고찰」, 『동양학』 3, 단국대학교 동양학연구소, 1973.

_____, 「울주 망해사 석조부도의 건조 연대에 대하여」, 『우헌 정중환박사 환력기념논문집』, 동간행위원회, 1974.

_____, 「쌍계사 진감선사 대공탑의 추정」, 『고문화』 12, 1974.

_____, 「달성 도학동 석조부도」, 『고문화』 14, 1976.

_____, 「월악산 월광사지와 원랑선사 대보선광탑에 대하여」, 『고고미술』 129 · 130, 1976.

_____, 「신라 석조부도의 일례」, 『사학지』 10, 단국대학교 사학회, 1906.

_____, 「고려초기 석조부도 연구」, 『동양학』 10, 단국대학교 동양학연구소, 1980.

_____, 「부도의 기원과 팔각원당형」, 『석등 · 부도 · 비』, 한국의 미 15, 중앙일보사, 1981.

_____, 「통일신라시대의 부도」, 『고고미술』 158 · 159, 1983.

_____, 「고려시대의 특수형 부도탑 연구」, 『동원 김흥배박사 고희 기념논문집』, 동간행위원회, 1984.

_____, 「각연사 통일대사부도탑」, 『윤무병박사 회갑기념논총』, 통천문화사, 1984.

한병식, 「고려의 부도미술」,『한양』9, 1963.

황수영, 「일연선사부도의 조사」,『고고미술』4-10, 1963.

_____, 「울산의 십이지상부도」,『미술자료』5, 1972.

정명호, 「청허당 휴정대사 부도에 대한 고찰」,『불교미술』4, 1979.

정해창, 「부도의 양식에 관한 고찰」,『백성욱박사 송수기념불교학논총』, 동간행위원회, 1957.

_____, 「고달사지의 부도와 비부에 관하여」,『사학연구』13, 단국대학교 사학회, 1962.

이홍식, 「일본근진미술관의 고려부도」,『고고미술』2-5, 1961.

빛깔있는 책들 103-17

# 부도

| | |
|---|---|
| 글 | ―정영호 |
| 사진 | ―안장헌, 김종섭 |
| 회장 | ―차민도 |
| 발행인 | ―장세우 |
| 발행처 | ―주식회사 대원사 |
| 주간 | ―박찬중 |
| 편집 | ―김한주, 신현희, 조은정, 황인원 |
| 미술 | ―차장/김진락 윤용주, 이정은, 조옥례 |
| 전산사식 | ―김정숙, 육양희, 이규헌 |
| 첫판 1쇄 | ―1990년 11월 30일 발행 |
| 첫판 5쇄 | ―2001년 3월 30일 발행 |

주식회사 대원사
우편번호/140-190
서울 용산구 후암동 358-17
전화번호/(02) 757-6717~9
팩시밀리/(02) 775-8043
등록번호/제 3-191호
http://www.daewonsa.co.kr

이 책의 저작권은 주식회사 대원사에
있습니다. 이 책에 실린 글과 그림은,
저자와 주식회사 대원사의 동의가 없
이는 아무도 이용하실 수 없습니다.

잘못된 책은 책방에서 바꿔 드립니다.

(바) 값 13,000원

© Daewonsa Publishing Co., Ltd.
Printed in Korea(1990)

ISBN 89-369-0056-0 00220

# 빛깔있는 책들